呪術怪談

久田樹生
つくね乱蔵
営業のK
神沼三平太
内藤駆
ほか

竹書房
怪談
文庫

目次

※本書に登場する人物名は、様々な事情を考慮してすべて仮名にしてあります。また、作中に登場する体験者の記憶と体験当時の世相を鑑み、極力当時の様相を再現するよう心がけています。現代においては若干耳慣れない言葉・表記が登場する場合がありますが、これらは差別・侮蔑を意図する考えに基づくものではありません。

今そこにある呪詛

「まさに今、それ系の問題を抱えとってな」

趣味の郷土史サークルの会員Aさんは、そう言って語り始める。

Aさんは九州のとある地方都市に住んでいる。そこから車で一時間ほどの片田舎に実家があり、七十代になる父母が暮らしていた。夫婦仲睦まじく過ごしているようだが、三か月ほど前から父が体を悪くし、母が看病というより事実上の介護をしている状態だった。

Aさんはまめに実家に帰り、父の世話を手伝っていた。

ある日、父のベッドのシーツを替えるついでに、シーツの下のパッドも交換することにした。普段、母もシーツの洗濯はしていたが、パッドまでは手が回らず、父が体調を崩してからずっとそのままになっていたという。

老いた母一人では行き届かないのもやむを得まい。そう思って古いパッドを外した刹那、Aさんはギョッとして反射的に母を怒鳴りつけた。

「お袋、これ、どういうことだよ！」

マットとパッドの間に、ある形状に器用に折られた黄色い紙が挟まれている。

この地域の俗信に詳しいAさんには、その意味するところが分かってしまった。無論それが父の体調不良の直接の原因だとまでは思わないが、その折紙は、人に害悪をもたらすとされる「よくない法」に用いられるものなのだ。

Aさんは問い詰めるように母を睨む。

「いや、冗談ちゃ。冗談」

母は口先だけで無理に笑顔を作ると、不自然に陽気な声色でそう答え、居間にいる父に見られぬようにそそくさとその紙を仕舞い込んだ。

Aさんの母は、この地方で歴史的に特殊な役割を担ってきた家の出身だ。そのことを父もAさんもまるで気にしていなかったし、そんな前近代的な因習を憂う必要はないと思っている。同時に、Aさんが地元の地誌や俗習に興味を持って調べるようになったのも、そういう系譜があってのことかもしれない。

Aさんは衝撃を受けた。

まず、仲が良いと思っていた父母の間の亀裂を目の当たりにしてしまったこと。程度はどうあれ、母は父に憎しみを抱いていたのだ。そして母が、その解決のために迷信ともいうべき旧弊な方法を用いたこと――。

効果の如何は問題ではない。自分の肉親が抱える奥深い闇を知ってしまった以上、今後、彼らとどう接していけば良いのか……。

Aさんにとっては、まさに今、眼前にある深刻な悩みなのだという。

聞くところによると、一般的にこの手の呪詛は、家族や親友などの近しい間柄でなされることが多いそうだ。

実験

職場の先輩に、美都さんという人がいた。

盆休み前の飲み会で隣席になり、時期的にか、怪談で盛り上がった。

その時に彼女が聞かせてくれた話が、妙に異質だった。

美都さんの知人にSさんという人がいる。Sさんは美容院を営む母親と姉の三人家族だったが、母親は所謂《いわゆる》毒親だったという。

東京の有名店で働いていたらしい母親は、腕も客に対する愛想も良かったが、Sさんたち姉妹には別の顔を見せていた。

姉妹は母親のストレスの捌け口となり、いつも暴言や暴力に怯えて暮らした。Sさんは高校を卒業して就職すると、姉を連れて家を出た。姉は働かず宗教にハマり、怪しげな集会に参加するために、Sさんからお金を巻き上げる。生活に困窮し、疲れ切ったSさんは、ネットで見た縁切りのまじないを試してみることにした。半紙に墨で、縁を切りたい相手の名前を書き、川に流すというものだったが、半紙も墨も持ち合わせていなかったＳさんは、ティッシュに筆ペンで姉の名前を書き、トイレに流した。ただの気晴らしで、本心から信じていた訳ではなかったが、姉の名を記したティッシュが渦を巻く水に消えると、何とも胸がすいた。Ｓさんは毎日やり続けた。

　しばらくして姉が倒れた。子宮の病気が発覚し、摘出の手術を行うことになった。姉は信仰している宗教の関係者から、病気は呪いを受けている所為《せい》だと聞かされた。

「絶対お母さんだよ、あたしを呪っているの。あいつどこまであたしを苦しめれば気が済むんだ」

　姉は自分を呪っているのは母親だと思い込んだ。Ｓさんはそれに同調した。日課になったまじないは、姉が倒れてからもやり続けた。

　姉は、死んだ。手術中に、麻酔の事故で心肺停止となり、そのままあっけなく鬼籍に入った。

　葬式にやってきた母親も、それから間を置かずに死んだ。

心不全と、人づてに聞いた。Ｓさんは母親に件《くだん》のまじないを行っていない。だが、こう言ったという。

「二人とも要らなかったの。だから実験したのよ。人を呪わば穴二つって言うでしょ。呪われている人間が、呪っている奴とは全然違う人を、自分を呪っている人物だと思い込んだら、どうなるんだろうって」

不要な二人を排除したSさんは、その後結婚し、今は穏やかに暮らしているらしい。

この話をしてくれた美都さんはほどなく夫の栄転で仕事を辞めた。後に彼女と同期の先輩から、美都さんの生家が美容院で、母親と姉が相次いで亡くなっていたことを聞かされた。彼女の旧姓は、Sという。

カブトムシ

千夏さんには一つ年上の姉がいる。晴海という名に相応しい穏やかな女性である。見た目も可憐で、誰からも好かれていた。

千夏さんは姉とは違い、活発で賑やかな性格だ。だからこそ仲が良い姉妹でいられる。少なくとも、世間からはそう思われていた。

だが、実際は違う。千夏さんは晴海をとことん嫌っていた。切っ掛けは、小学二年生の夏休み。近所の公園で遊んでいる時のことだ。

晴海は手近の木から何かを摘まみあげた。

「千夏。ほらこれ」

カブトムシである。それほど大きくはないが、ちゃんと角が生えている。

喜ぶ千夏さんに晴海は目を細めて笑いかけ、思い切り大きく振りかぶると、カブトムシを地面に叩きつけた。動かなくなったカブトムシを丁寧に踏み潰す。唖然とする千夏さんをその場に残し、晴海は滑り台に向かった。

並んでいる男の子に輝くような笑顔で、「さきにすべってもいい？」と甘える。

この瞬間、千夏さんは幼いながらも全て分かってしまったという。この人の笑顔は二種類ある。怖い方のそれは誰も知らない。

その日以来、千夏さんは晴海とは一定の距離を保つように心がけた。機嫌を損ねたら何をされるか分からないため、表向きはそれまでと変わらない態度をとり続けた。

中学生になった晴海は、更に美しさを増した。学校内でカリスマ的存在であり、支持者も多い。そのくせ、得体の知れない連中とも密かに付き合っている。裏でも表でも勝てる相手ではない。イジメの主導者でありながら、表舞台に出てこないのは、それが理由であった。

被害者は二桁に及んでいた。中には、自殺寸前まで追い込まれた者もいる。それは晴海にとってカブトムシのようなものだ。

叩きつけて踏み潰すのが楽しくてたまらないのだろう。千夏さんは全てを知った上で、触らぬ神に祟りなしを信条に過ごしていた。

二学期が始まってすぐのことだ。帰宅途中、千夏さんは見知らぬ女生徒に呼び止められた。

自らを佐藤今日子と名乗ったその生徒は、思い詰めた顔で相談を持ち掛けてきた。

「あの……晴海さんの髪の毛が欲しいんだけど」

思わず眉をひそめた千夏さんを見て、佐藤は慌てて付け加えた。欲しがっているのは、自分ではなく男友達らしい。

その子は晴海を好きでたまらないのだが、相手にしてもらえる自信がない。そもそも話しかける勇気もない。

せめて青春の記念に髪の毛を保存しておきたいのだという。

屈折した望みだが、分からなくもない。晴海は自分専用のヘアブラシを使っており、その気になれば髪の毛など何の苦労もなく手に入る。

姉を売る後ろめたさはあったが、結構な金額を提示され、千夏さんは二つ返事で了承した。

翌日、晴海の髪の毛を受け取った佐藤は、複雑な表情を見せた。今にも泣きだしそうな顔で、髪の毛を睨みつけている。

己の思い違いに気付いた千夏さんは、静かな声で訊ねた。

「髪の毛だけでいいんですか。他に必要なものがあれば何でも言ってください」

驚いた顔で千夏さんを見つめていた佐藤は、同じように静かな声で言った。

「だったら爪と……可能ならば血液を」

ああ、本格的だ。本気だな、この人。そう感じた千夏さんは、返事の代わりに優しく微笑んだ。

二週間後。

爪と、使用済の生理用品を入れた袋を渡し、千夏さんは佐藤としばらく見つめ合った。

どうするか訊くわけにはいかない。もう始まっているからだ。頑張ってと言うのもおかしい。

頭を下げるのが精一杯だった。別れ際、佐藤は千夏さんに聞こえるような声で、独り言を呟いた。

「死んだ方がマシって思わせるには、やっぱり顔面だよね」

佐藤は半年以上かけ、見事に思いを遂げたようだ。晴海は部屋に引きこもり、出てこなくなった。

崩れた顔を見ると気持ち悪くなるため、その方が有難かったという。

それから十年経つが、今も晴海は部屋から出てこようとしない。起きて寝て食べて泣く。その繰り返しだ。

あまりにも鬱陶しいので、千夏さんは就職したのを切っ掛けに一人暮らしを始めた。

素敵な彼氏もできて、毎日が楽しくてならないそうだ。

解体屋

話のネタ集めに、解体屋に足を運ぶことがよくある。

昔は車に熱中していた時期もあったため、何軒かの解体屋とは旧知の間柄でもある。

実際、解体屋に行くと事故車が何台も置かれており、その中には死亡事故を起こした車も少なくない。怪談話を集めるにはまさにうってつけの場所であり、実際に不可思議な怪異が起こっていることは過去の作品でも書いている。

そんなわけで、呼ばれもしないのに勝手に押しかけては、「なんか変な話ない？」と聞き回り、仕事の邪魔をしてしまうのがいつものパターンであるのだが、その日は珍しく、解体屋の方からこちらに連絡を寄越してきた。

ちょっと見てほしいモノがあるんだけど——と。

なるほど、これは怪異に違いない。

ピンときた俺は、昼休みにその解体屋へと向かった。

解体屋の事務所に行くと、彼らはまだ昼飯の真っ最中であった。

俺は仕方なくそのまま外に停めた営業車の中で待つことにした。

しばらく営業車の中で待っていると、予想よりも早く事務所のドアが開き、こちらに向かってこっちへ来い、と手招いてくる。

俺はすぐに車を降りて事務所に入っていった。

「最近はどう？　まだ怖い話を集めてるの？」

中に入るなりそう聞かれ、俺は、ああ、まあ……それなりにと答える。

向こうはしばらく意味深な顔つきで見つめていたが、次にこんな質問を返してきた。

「それじゃ、呪いとかにも詳しいよな？」

確かに呪いの存在は知っている。その危険もよく理解している。だから俺は慎重に返事した。

「なに？　……今回見せたいものって呪いに関するものなの？」

解体屋で呪いだなんて聞いたことがない。

「ちょっとこっち来てくれ」

彼らはそう言うと席を立ち、そのまま事務所を出て工場の一番端に停められている一台の車の前に俺を連れていった。

「この車を見て何か感じるか？　その……なんだ、呪いとかそういうの」

俺は目の前の車体へと視線を移す。

随分と破損が激しい。前は完全に潰れており、運転席のガラスが割れ、前方へ大きく飛び出していた。

そんな車の様子を見て俺はこう尋ねた。

「やっぱり……誰か死んでるの？」

彼らは黙って頷くと、ぽつりぽつりと話しだした。

「まあ、解体屋なんて仕事をやっていれば、死亡事故を起こした車なんて別に珍しくもなんともないさ。気持ち悪いなんて思ったこともないし……。でも――この車は普通じゃないんだ……。うまく言えない。けど、説明できない気持ち悪さが確かにあって……。このまま潰して鉄屑にしちゃってもいいのかなって気になってくる。だからお前を呼んで何かアドバイスでももらおうと思ってさ……」

これには困った。そんなの、俺にだって分からないよ。

困惑してそう言うと、今度は無言のまま助手席の方へと連れていかれる。

「これを見てくれ」

助手席のドアが開かれ、示された光景に俺は息をのんだ。

運転席の薄いグレーのシートが完全にどす黒い血の色に染まっている。

「これって……ドライバーは車外に飛び出すこともなく、車内で潰された感じ？」

恐る恐るそう聞くと、彼らはあっさりと頷いた。

「ああ。車内で何かに潰されて、破裂したみたいに亡くなってたそうだ」

で、俺に見せたかったのはこの血に染まったシートなのか——？

意図を測りかねて目で問うと、彼らの一人が俺を押しのけるように助手席へと体を入れた。そのまま無言でAピラーの内張《うちばり》を剥がしていく。

「これだよ……見てほしかったのは。これってやっぱり、呪いなのか？」

そう訊かれ、俺は体を車内に入れ、剥がされた内張の中をまじまじと覗き込んだ。

内張の中には、小さな和紙の包み紙が黄色いマスキングテープで貼り付けられていた。

俺は以前、これと似た和紙の包み紙を何度か眼にしていた。

所謂、呪詛が疑われた事例で。

そしてもしも呪詛絡みだとすれば、これは絶対に手で触れてはいけないものだった。

「あのさ……ちょっと聞くけど、これって一度剥がしちゃったの？」

そう問いかけると、彼らは暗い顔で小さく頷いた。

どうやら一度剥がして、また元に戻しておいたらしい。

俺はマスキングテープを丁寧に剥がしていき、その小さな包み紙を手に取った。

直接手で触れるのは抵抗があったが、彼らが先に触れてしまっているのだから、大丈夫だろうと思うことにした。

手のひらに載せた瞬間、軽いはずの紙包みがズシリと重く感じた。

嫌な予感しかしなかったが、その時はまだ好奇心の方が勝っていた。

そのまま注意深く事務所へと持っていき、テーブルの上で丁寧に包み紙を開いていく。

不思議な折り順の包み方だった。

何とか最後まで開き、テーブルの上に置く。

「うわ……」

中身を見た瞬間、本気でヤバいと感じた。

「あのさ……これ、もう見ちゃってた？」

そう訊いたのは、彼らを心配してのことではなかった。

要は一番最初にそれを見た人間にはなりたくなかったのだ。

残念ながらと言っては悪いが、予想に反して彼らは包み紙の中身までは見ていなかった。

ということは、必然的に俺が最初に見た人間になる。

俺はテーブルの上に滑り落ちた物に直接触らなかったことに心底ホッとした。

包みの中に入れられていたのは、数十本の短い髪をまとめた毛束。

両手の小指と思われる爪が二枚。

宝石と思われる小さな石。

そして、和紙の内側には「呪」という文字が書かれていた。それもインクで書かれたものとは明らかに違う、どんよりとした暗褐色。

どう見ても血で書かれているようにしか思えなかった。

しばらく呆然とそれらを眺めていた俺に、こんな問いかけが聞こえてきた。

「やっぱりこれって呪いだよね？」

「それじゃ……その宝石にも手を出さない方がいいよな？」

その答えを言う前に、俺は急いでテーブルの上に開かれたままの包み紙を適当に折って先ほどと似たような形に戻した。

できれば元通りに折りたかったが、その複雑かつ不思議な折り方は折筋の跡を辿っても完全には再現不可能だった。

それから急いで先ほどの車に戻ると、内張の中に包み紙を戻し、テープで固定して元に戻した。


「あれは本気でヤバいよ。間違いなく呪いだと思う」

事務所に戻った俺は、ソファに脱力して腰を下ろし、そう言った。

「もしかしてだけど、あの宝石を売って金に換えようとか思ってるんなら絶対に止めたほうがいいぞ……。あの宝石は相手を呪い殺す対価として差し出した物なんだと思う。だから売ればそれなりの金額になるとは思うけど、代償が大きすぎる。そんなことしたら、今度はお前らが呪いの標的になって……死ぬかもしれない」

それは憶測であり、ある種の確信だった。

「だから、あの車はあの状態のまま……さっさと潰して鉄屑にするのが一番だと思う」

むしろそれ以外にとばっちりを避ける方法はないだろう。

呪いをかけた主は、きっと誰にも気付かれずにこの世から証拠を消し去りたいと思っているはずだから……。


幸い、俺にも解体屋にもその後、不幸や怪異は起こっていない。

だが、しばらく経ってまた不穏な噂が解体屋から耳に入ってきた。

最近死亡事故で廃車になり解体屋に持ち込まれた車の中に、あの車と同じように内張に小さな包み紙が貼られているものがあったというのだ。それも同じような事例がいくつか発生しているらしい。

勿論、車の持ち主同士に関連性はない。呪いをかけたのは別の人間だろう。

だとすれば、同じ呪法を知っている人間が複数存在することになる。

人を呪い殺すような禁忌を教えるサイトでも存在しているのだろうか?

人一人を殺せるだけの方法が出回り、呪いを成就させた当人は何食わぬ顔で生活を送っているとしたら……。

それほど恐ろしいことはないはずなのだが。

押し込まれていた物

Mさんは道路工事関係の会社で働いている。

「さすがにもう、幽霊だの呪いだの信じる年じゃないけどな」

そんなMさんも何度か背筋がゾッとする体験をしているという。


ある道路の拡張工事で、家を一軒、取り壊すことになった。


土ぼこりが舞い上がる。ブロック塀、門、庭、駐車場。下請け業者がショベルカーを使って、粛々と破壊作業を続けている。砕かれたブロックやコンクリートのかたまりを、作業員たちが黙々とトラックの荷台へ運んでいる。Mさんは立会人として現場に来ていた。

二階建ての一軒家。ひとさまが永年住んできた思い出の家を取り壊すのは気が引ける。

はじめはそんな気おくれもあったが、今はもう慣れたものだ。

家が一軒、更地になるだけの話だった。

ただし今回の現場は少々事情が違っていた。

庭に一本、桜の大樹がそびえているのだ。大人二人でようやく手をまわせるような、黒くて、ごつごつした太い幹。四方に張り出した無数の枝。花の時季にはさぞかし、通りかかった人たちの目を楽しませていたのだろう。

「残念だけどねえ」「仕方ないねえ」

口々に言いながら、近所のお婆さんたちが別れを惜しみに集まってきていた。

チェーンソーが細かい枝を切り落としていく。ショベルカーのアームが力強く振り下ろされる。何等分かに割り裂いてから、運びだす算段になっていた。鋭いショベルのふちが巨木を縦に削り取っていく。白い木の身が剥きだしになっていく。

「アレなんすかね?」

ショベルを操る手を止めてオペレーターが言った。

桜の幹の奥から、黒ずんだ肌色の布地がはみだしている。よく見ると、たくさんの手がある、足がある、顔がある。綿の入った裸の子供の人形だった。どの子供も無表情だが、片目が取れたり、手足が抜けたり、首がなくなったりと、無残で悲しい姿をしていた。作りが不格好なので、恐らく手作りだろう。それが木の洞《うろ》にぎっしり大量に押し込まれているのだ。

Mさんは人形を手に取り、さらに絶句した。

どの子供も、その胸に錆びた五寸釘が打ち込まれている……。

いつの間にか、お婆さんたちの姿は消えていた。

ゴミ袋二つ半にもなったボロボロの子供の人形たち。

Mさんは元の住人には何も知らせないことにした。

人形は自費でお寺に運び、入念に供養してもらったそうだ。

拡張工事は無事に終了したという。

黒漆喰の土蔵

友人のKの実家のそばには、M寺という古いお寺があるという。

「本堂の裏手に黒漆喰の小さな土蔵があってね。小さい頃から絶対に近づくなと和尚《おしょう》さんに言われていたんだ」

土蔵は大人が十人ぐらい入れるぐらいの大きさで、北側に入口があった。周囲をしめ縄で囲っていて、立ち入り禁止の立て札がいくつも立てられていたという。

ある夜、Kは兄に誘われて、肝試しにその黒漆喰の土蔵に向かった。そこで一生忘れられない光景に出くわした。

「土蔵の周り、あのしめ縄の内側だけが白い靄に覆われていてね。とてもこの世のものじゃないと思った」

家に戻ると二人は父親に「二度と近づくな。お前たちだけの問題じゃないんだ！」と、こっひどく叱られた。

数か月後、夜中にかなり大きな地震が発生した。Kの父親は家を飛び出して、寺へ向かった。ただならぬ様子だったので、Kが後を追うと、土蔵の前に和尚やKの父親の他、近所の男たちが集まっていた。

和尚が土蔵の扉を開けると、白い煙のようなものが流れてきたという。

「中を覗くと、黒い棺が棺台から落ちて床にひっくり返っていた。蓋が外れていて、白く細い足が見えていた。たぶん若い女だったと思う」

床には遺体の腐敗を防ぐためのドライアイスが散らばっていた。あの靄の正体は気化したドライアイスだったのだ。

「お寺だから御遺体があってもおかしくないんだけど、それにしては大人たちの雰囲気が物々しかったんだ」

大人たちは何も教えてくれなかった。だが、土蔵の噂話はKの通う学校内に広まり、やがて彼の耳にも届いた。

「あそこ、呪い殺された遺体を置いているって」

そんな遺体は、ちゃんと呪いを解かないと、関わった者たちに災いをもたらすという。

あそこでは除霊のようなことをやっていたらしいのだ。

さらに、呪われた遺体は、うっかり床に置くと、そこから呪いが地面に移って、その場所も呪われるというのだ。だから、棺を棺台に乗せて地面に着かないようにしていたらしい。

「あの土蔵は、地震の後、取り壊されたよ。跡地には呪いを浄化するためか、大きなソメイヨシノが植えられたんだが……」

ソメイヨシノは毎年、満開の時には見事な一本桜となったが、なぜか近くで愛でる者はいなかった。

「近くで見たら、自分がその桜で首を吊っているシーンが頭の中にパッと浮かぶらしいんだ。もちろん俺は試したことないけど」

今年もその桜は、満開になったが、相変わらず近寄る者はいないという。

雨

今年九十歳になる祖母の実家は昔、地元で一番の地主だったという。

だが戦後、農地改革が実施され、広大な土地はそれぞれの小作人たちに分割された。

民主化が進み、かつての主従関係は解消されていった。

祖母はまだ子供だったのでよく分からなかったが、かつての雇人たちが、以前の関係を根に持って、嫌がらせをしてくるようなことがあったらしい。


ある年の梅雨の頃、祖母のすぐ上の姉が高熱をだして寝込んでしまった。

色白で千代人形のように綺麗で可愛らしい姉さまだったが、顔にも体にも、小銭のような黒いあざがいくつも浮いて、見ていられないありさまだった。

どの医者に診せても、病名も原因も分からない。

症状は日に日に悪くなるばかり。

父親も、母親も、あきらめの表情を見せ始めた。


そんな頃、祖母は気付いていた。

雨の日になると、ひいおばあちゃんが、みの笠をかぶってこっそり外に出ていくのだ。

「その当時で、ひいおばあちゃんだったんだから、江戸時代の生まれだったたっぺなあ」

ひいおばあちゃんは何しに出かけていくんだろう。気になって仕方がない。

夜に出ていくこともあったが、その日は朝だった。

祖母も頭にみの笠をかぶって、ひいおばあちゃんのあとをつけていくことにした。


大地主だったから屋敷の入口に大きな門がある。そこから左右に白い漆喰の壁が長く長く続いている。しとしと降り続く灰色の雨の中、ひいおばあちゃんの姿が見えた。

白い着物を着た女の人と、手を掴み合って揉み合っている。

女の人は笠もかぶらず、長い黒髪を雨に濡らしている。

何をやっているんだろう。女の人は誰なんだろう。

思いも寄らない光景に、祖母はその場を動けなかった。


やがて、ひいおばあちゃんが、女の頭をこぶしで強く殴り始めた。

普段の温厚な姿からは想像もつかない粗暴なふるまい。

女は裾を乱して逃げ帰っていった。


近づくと、ひいおばあちゃんは、下に落ちていたお札のような白い紙を拾った。そして、それを、ずたずたに引き裂き、地面の上に叩きつけた。

「アイツら、アメまで使いやがって」

見たこともない、ものすごい形相で吐き捨てる。

祖母は怖くなって、何も訊くことができなかった。

そのあとすぐに姉の病状は回復した。

「あの女の人、誰だったの？　アメってなあに？」

何度か訊いてみたそうだが、

「さっちゃんはそんなこと知らんでいいよ」

ひいおばあちゃんはいつも穏やかな笑顔で、そう答えるばかりだったそうだ。

遺影

Nさんの父親の実家は、その辺りでは比較的大きな敷地を持っている。瓦を乗せた立派な塀にぐるりと囲まれて、敷地内には蔵が二つと母屋《おもや》がある。母屋は一階建てではあるが、その巨大な屋根は厳《いか》めしい装飾が施されており、一目でこの辺の土地を治めているのだろう、と想像できた。周りには農地や山川が広がって、緑が豊かな土地だそうだ。

夏休みになると家族で帰省し、近所に住む親戚の子供たちと一緒になってよく遊んだ。部屋数が多く、隠れる場所も多かった母屋でのかくれんぼがNさんは大好きだった。

その日も、午前中からかくれんぼに夢中になっていた。必死になって隠れ場所を物色していると、ふと仏間の長押《なげし》に並べられた遺影に目が留まった。死んだおじいちゃんおばあちゃんの写真がある、というのは教えられて知っていたが、まじまじと見るのは初めてだった。若い人も何人かいた。端の方にあるものはかなり古く、写真というよりも何かで手書きされたようにも見えた。着物や軍服のようなものを着ている人もいたが、当然知っている顔はない。無表情な視線が自分に向けられているようで、不気味だった。

ジワリとした恐怖を感じながらも何となく目が離せなくなっていると、天井と壁の隅、一番薄暗い場所に一つの遺影があった。

それは、なぜか顔が見えなかった。角度や光の加減によって見えづらいのだろうか、そう思って左右に動いたり背伸びをしてみたりしたが、やはり顔は見えなかった。Nさんは遺影の真下まで近づいてようやく気付いた。

その遺影は、顔の部分が真っ黒に塗り潰されていた。

着物の衿から見える首回りから頭の先までが、真っ黒だった。男なのか女なのか、若いのか老人なのか、それすらも分からなかった。手書きのような遺影もあるので、書いている途中で間違えてしまったのだろうか、子供ながらにそう思った。

ぼんやり不思議な気分で眺めていると、

——その人はねぇ、呪われてしまったんだよ。


仏間に入ってきたおばあちゃんがそう言ったという。

おばあちゃんは線香をあげ、何かをブツブツ唱え、もうすぐお昼ご飯だよ、と言い残していってしまった。

呪われるという意味が分からず両親に聞いてみようかと思ったが、お昼ご飯を食べている間に忘れてしまったそうだ。

それからも毎年帰省していたが、Nさんが中学生の頃、いつの間にかその遺影はなくなっていた、という。

祀られた呪い

佐渡さんが生まれた町は自然の名残を感じる準田舎といった場所だ。当時の人口は二千ほどだったが、彼が都心で就職してからは、過疎化の一途をたどり、近くの市に合併吸収された。「ふるさとがなくなったわけではないけれど、喪失感は大きい」、と嘆く。

当時、彼の利用する通学路には、苔の生《む》した切妻《きりづま》屋根の古ぼけた祠《ほこら》があった。紙垂《しで》を吊るす縄には小植物が自生する。観音開きの扉は朽ち、金属の蝶番《ちょうつがい》が何とか原形を留めている。いつ、なぜ祠が安置されたのか、佐渡さん含め、町の人は誰も知らないという。

半壊した祠に祀られているのは、大人の両手に収まる大きさの石である。山岳の、それも上の方から運んだらしく、ごつごつと角がある。しかし、この石を誰が、何の目的で運んできたのか、誰も分からない。

ただ、一つ。佐渡さんが教えられたことは、この石が呪われているということである。石に関わらないよう、町に住む人たちは子供に口酸っぱく何度も言うのだそうだ。その迫真の表情にただならぬものを子供ながらに感じ、彼は石に一度も触ったことがない。

誰もが忌避する石は不思議なことに、数か月に数回、祠の外に転がる。しかしながら、この町では石に関わることがタブーである。犯人の見当もつかない。

「祀られていると呪えないから石が勝手に出てくる、と老人が言っていた」

そう佐渡さんは回顧する。ちなみに、外に出た石は清水で洗った手で代表が祠に戻すのだそうだ。その作業は女人禁制で、一種の風習化していた。

そんなことがありながらも、町の人は呪いらしきことを体験したことがない。

「何もないことが逆に恐怖だ」

実際に呪いが起こったことは、過去にただの一度も記されていない。得体の知れない呪いが、一人歩きしているのである。

町が吸収合併される際、反対運動は起こらなかった。満場一致で市の判断を受け入れたという。

「呪い疲れだ。呪いに関わるのが嫌になったんだ」

佐渡さんはそう推測する。


この町は近々、再開発の計画が始動するという噂である。しかし、どういうわけか呪いの話は聞こえてこない。元住民が誰も口を開かないのだ。そこまで避けたがる呪いとは何なのか。再開発で人の手が入ったとき、それが分かるのかもしれない。それは佐渡さんも含め、出身者は全員承知している。

そんな住民の反応を目の当たりにし、意識はすでに呪われているように思えてならない。

嫁ヶ淵

兵庫の山奥に、嫁ヶ淵、と呼ばれる池がある。

元は川の一部だった部分が流れから切り離されて、ぽつんと池になったらしい。名前の由来は、その昔、姑にいじめられた嫁が身を投げたことに由来する。市史にも載る由緒ある昔話だ。

結婚を機に移り住んできたとき、字面を見て驚いたHさんに、旦那さんはそう説明してくれた。

だからここの石は、川底のように角が削られて、すべすべと丸みがある。

そんな池のほとりに、思いつめた顔の女が立っていた。

Hさんが彼女を見たのは、越してきて数年後、夕暮れ時のことだった。運転する車の中から女を見かけて不安になった。

まさか飛び込みやしないだろうか。

Hさんがそう怖くなるほどに、女は真剣な顔をしていた。

車を寄せて話しかけるべきだろうか、Hさんが迷っている間に、女は動いた。飛び込みはしなかった。

石を一つ拾って、大事そうに両手で包むと、そのまま持ち去った。

Hさんはほっとして家に帰ったが、翌朝の新聞ではつい地方面を確かめてしまった、という。

それくらい印象に残る女だった。

その後も、二度、三度と見かけたが、以前見た女だとすぐに気付いた。

彼女はいつも嫁ヶ淵にいるわけではなかった。道端を歩いていることもあった。そのうち何回かは池からの帰りだったのだろう。胸の前でかたく手を握っていた。石を持っているのだと、Hさんには分かった。

大丈夫だろうか。

飛び込まないにしても、あまり尋常な様子ではない。

かと言って気軽に声を掛けられそうな雰囲気でもない。


Hさんが考えあぐねていたある日、近所のS家で大奥さんが亡くなった、という知らせが飛び込んできた。

殆ど付き合いはなかったが、田舎のことなので葬儀には村中が集まる。

弔問客の一人としてS家を訪ねたHさんは、息が止まるほど驚いたという。

出迎えに立っている旦那さんらしき人の隣に、女が立っている。

嫁ヶ淵で小石を拾っていた、あの女だった。


それが今は別人かと思うほど、てきぱきと如才なく挨拶をしている。

あまりにも様子が違うので、似ているだけの他人かもしれない、と思いながら、一方で胸の前で数珠を握りしめるしぐさを見ているとやっぱりこの人だという気もしてくる。

気味の悪さを感じながらもHさんはお悔やみを述べて、案内されるまま奥へと上がった。

その途中、濡れ縁からふと見た庭の隅に、石を積んだ塚があった。

それは、川底の石のような、すべすべとした丸い石の山だった、という。

ぴぃ君

丸山さんが小学校三年生のときに父方の祖父が急死し、寝たきりの祖母と同居することになった。祖母は気難しい性格で、母が泣かされるのを何度も目にした。

「おばあちゃん、嫌い」

そう言うと母が怒るのも嫌だった。

学校から帰って日が暮れるまで、近くの公園で時間を潰す。小さい子ばかりの公園に一人、年の近い男の子がいた。外国の生まれらしく日本語は話せない。太陽のような笑顔が可愛くて、毎日一緒に遊んだ。

一度、母親らしき人が迎えに来た。彼は「ぴぃ」と呼ばれていた。真似して呼んでみると、ぴぃ君は笑った。

家では祖母の癇癪が酷くなる一方だった。丸山さんを悪い娘、捨て子、餓鬼などと罵《ののし》る。相変わらず母は泣くし父は何も言わない。

公園にいる時間が長くなる。

ある雨の日のことだ。公園でぴぃ君を見かけた。傘も差さずに一人で遊んでいる。彼も、家にいたくないのかもしれない。自分と同じだ。

「うち、来る?」

ぴぃ君は笑顔でついてきた。

母はちょうど出掛けていた。玄関で待っているように伝え、箪笥《たんす》からタオルを引っ張り出す。座敷にいる祖母が、誰か来たのかと尋ねた。

「友達」

そっけなく答え、玄関に戻った。

ぴぃ君がいない。

いつの間にか、彼は祖母の布団の横でちょこんと座っていた。祖母は丸山さんだと思っているのか、口汚く罵り始める。

彼は動じず、笑顔のまま、祖母の顔を覗き込んだ。

途端、猛烈な罪悪感に襲われた。取り返しのつかないことをした気がする。重大な失敗を犯したような。

罵詈雑言が響く中、ぴぃ君はすっと立ち上がった。丸山さんに穏やかな微笑みを向けると、そのまま玄関から出ていった。

今の時間は何だったのだろう。ぴぃ君の座っていた畳がまったく濡れていないのも不思議だった。

その晩、祖母は亡くなった。

慌ただしい日々が過ぎて再び公園に通うようになった頃、ぴぃ君は姿を消していた。誰に聞いて回っても彼のことを知らなかった。

丸山さんは二十代半ばの会社員だ。今でも実家は居心地が悪く、盆正月も滅多に帰省しない。

その代わり、連休には東南アジアへ旅をする。食べ物は口に合うし、古い信仰があちこちに残る土地の空気も好きだ。いずれは移住したいとも考えている。

タイを訪れた際、現役の呪術師だという人と話す機会があった。偶然かもしれないけれど、タイでは善良な精霊も、呪術で使役される悪霊も、どちらも〈ピー〉と呼ぶのだそうだ。

ブラックマジック

日本人女性Aさんは、インドネシア人男性と結婚してバリ島で同居していた。しかし良好な夫婦の共同生活は長く続かず、Aさんが家を出て別居することになった。別居先も同じバリ島内だ。

その後、彼女の体調がみるみる悪くなっていった。重い倦怠感が続き、食欲も低下し、体重も激減して頬がこけ、病的に衰弱しているのは明らかだった。

また、首の後ろにコブが現れ、ピンポン玉の大きさまで腫れあがった。最初は一つだったが三つまで増え、横一列に並んで形成されたという。コブが三つ現れた段階に至っては、立っているのも辛い状態だったそうだ。病院で診てもらっても原因は不明だった。

さらに、毎日ではないが、夜になると焚いてもないのに部屋の中から線香のような匂いが漂ってくることもあった。

体調は悪化の一途をたどる一方。見かねた知人の紹介で、Aさんは〈バリアン〉と呼ばれる現地の呪術師のもとを訪れた。白色のポロシャツを纏った精悍な顔つきの中年男性のバリアンは、Aさんをひとめ見るなり彼女に告げた。

「あんた、ブラックマジックをかけられてる」

ブラックマジック（黒魔術）とは、現地に存在する呪術の一種である。特定の相手を病弱にする呪い、事業を失敗させる呪い、失恋させる呪いなど、その種類は多岐にわたる。呪いたい相手の毛髪、血液、体液、使用済みナプキンなどを使用するらしい。

Aさんは別居の現状、首のコブの症状、夜の線香の匂いについてバリアンに伝えた。すると、こう問われた。

「線香の匂いがする夜、旦那さんから電話があるだろう？」

確かに、定期的に夫からの電話はあった。それが線香の匂いがする夜であったかどうか正確には記憶していないが、言われてみればそんな気もした。

Aさんは、ゆっくりと頷いた。

「それ、あんたがまだ生きてるかどうか確認するための電話だよ」

つまり夫は、ブラックマジックによりAさんの命を奪おうとしていたことになる。自分が殺しの呪いをかけられていたこと、それが夫によるものであったことを知らされた彼女は、言葉を失った。

「大丈夫、大丈夫」

穏やかな口調で、バリアンが説明してくれた。

「術を解く方法が二つある。国外に出ていくか、まだこの国に住むなら聖水の清めの儀式を受けるか。どちらかを選びなさい」

Aさんはその場で迷わず前者を選択した。そしてすぐさま日本に帰国した。

その後は体調も快復し、コブも全て消失してことなきを得た。無事に離婚も成立したそうだ。

後悔

井波さんは四十代半ば。
色白の細面で年齢より若く見える。俗に言うイケメンというものだろう。
そんな彼が、聞いてほしいことがあると、ぽつりと漏らした。

井波さんは躓《つまず》きのない人生を歩んできた。
勉強も運動も人並み以上にでき、友人も多かったという。
希望の学部があった私立大へ進み、就職も上手くいった。
ところが、社会人二年目の時だ。
知人の知り合いである女性と出会った。
名は美智で、二歳上のＯＬである。

一重まぶたの日本的美人で、すらりとして背も高い。

艶やかな黒髪に、仄かに香る特徴的な香水が良いイメージを抱かせた。

あっという間に意気投合し、約一か月後に男女の付き合いが始まった。

彼女は料理を始めとする家事も上手く、よく気が利く性格である。

自分には勿体ないほどの女性だと彼は思った。

ただ、半年もすると美智のことが見えてきた。

嫉妬深いのだ。それも常軌を逸している。

ファミレスの女性スタッフに礼を言うだけで機嫌を損ねる。

コンビニで買い物をする際、レジが女性だとそこに並ぶなと腕を引っ張られた。

仕事上の付き合いも当然許さない。同じプロジェクトに女性社員がいるだけで、三十分に一度メールを送れとすら言ってくる。

二人でテレビを見ているとき、画面に映った女性を数秒見つめているだけで、物が飛んできたこともあった。

そんなとき、美智は必ずこんなことを口にする。

「私を裏切ったら、呪ってやる」

押し殺した声で、脅迫するような口調だった。

かと思えば突然機嫌が良くなり、先のことを話し出す。

婚約したら、結納は、結婚式は、披露宴は、新婚旅行は、新居は、給料管理は、貯蓄は、子供は、教育は……彼から結婚に関して何も口にしていないのに、延々と語るのだ。

簡単に言えば、想像以上に重い女であった。


堪えられなくなった井波さんは、美智に別れ話を切り出した。

すでに仕事どころか日々の生活にすら影響を及ぼし始めていたのだ。

悪いところは直すと泣いて縋られたが、今更変わるとも思えない。

交際は終わりである。そう一方的に押し切った。

が、美智からのメールや電話の着信が毎日数十件入る。

自宅マンションの前で待ち伏せするのは当たり前。こちらが逃げても走って追いかけてくる。足の速さには自信があったが、彼女はパンプスで追いついてきた。

ここまで来ると恐ろしさが勝ってくる。

流石に音を上げ、最終手段に踏み切る。

〈もし、迷惑な連絡を繰り返すようなら、出るところへ出る〉

こういったメールを送った途端、美智の襲来はピタリと収まった。

念のため、着信拒否をせずにしておいたが、メールも電話も来ない。

彼は安心して過ごせるようになった。


美智とすっぱり別れてから三か月ほどして、新しい彼女ができた。

名前は波瑠子。二つ下で現代的な女性である。

女性との交際など金輪際ごめんだと考えていたが、何故か波瑠子なら大丈夫だという確信があった。明確な理由はなかった。

交際から少しして、波瑠子と男女の仲になった。

自宅で二人眠っていると、ベッドサイドの携帯がチカチカ光る。

液晶に〈美智〉と表示されていた。

ギョッとして手に取り、メールを開く。

『したでしょ』

一文だけあった。

これが何を指しているかすぐに理解できた。

盗聴器でもあるのではないか。ストーキング行為が再会するのではないか。想像した途端、急に血の気が引いていく。思わず着信拒否をし、メールを削除する。

起きてきた波瑠子が訝しげに見てきたが、誤魔化した。

翌日からいつ美智が来るかと、怯えながら暮らすことになった。

各方面へ相談もしたが、相手が何かをしたという証拠がないと動けないらしい。

メールを消してしまったことを後悔したが、時すでに遅しだった。

ただ、美智はいつまで経っても姿を見せなかった。

電話もなく、メールもあのときの一通だけだった。


安心し始めた一年後。

順調に交際していた波瑠子が亡くなった。

食事をしてマンションへ戻った後、彼女が体調不良を訴えた。

洗面所へ行くと立ち上がったとき、呻き声を一言漏らすと、すうと前に倒れ込んだ。

慌てて助け起こすと、白目を剥いている。声掛けに反応がない。

すぐに救急車を呼んだが、結局彼女は助からなかった。

死因は心臓病だった。

持病もない、健康体だったのにも拘らずだ。

波瑠子の死後、抜け殻のようになった井波さんだったが、仕事は休めない。

だが、やはり夜に独りになると波瑠子のことを思い出した。

精一杯気を張って生活を続けるしかなかった。


彼女の葬儀から一年が過ぎた。

夜、マンションへ戻ると何か違和感がある。

どこがどうだという訳ではないが、居心地の悪さがあった。

そして何か息苦しく、体が怠《だる》くなる。

倦怠感を抱きつつ着替えを済ませた。

午後十時を過ぎた辺りだったか。ソファに座り、テレビを見るともなく見ていると、身体がずっしり重くなる。

部屋が少し暗くなったように感じた。

天井を見上げるが、異常はない。照度も下がっていないようだ。
しかし、薄暗い。
スイッチを入れ直すため、照明用リモコンを手にしようとしたときだった。
テレビが音を立てて消え、そしてまた点いた。
壊れてしまったのか。立ち上がると、背後に何らかの気配が現れた。
低い位置だ。例えば、ソファの背もたれくらいの高さだろう。
振り返り掛けたとき、首関節が緊張したように硬くなる。
本能的に後ろを見ることを身体が忌避している。
視線は画面のテレビ番組に固定された。いや、せざる得なかった。
石のように硬くなった身体で突っ立ったまま、じっと息を潜める。
後ろから微かな息づかいを感じた。
そして、ある香りが鼻先を掠める。
美智愛用の香水の匂いだった。
それに気付いた途端、背後の低いところから、ひとことだけ声が聞こえた。
〈――あむん〉

平坦なイントネーションだ。言葉の意味も分からない。
が、美智の声だった。
あの嫉妬に狂ったときの、押し殺したような、脅しつけるような低い声だった。
全身に緊張が走る。
テレビが消えた。
真っ黒な画面に、自分の首から下と、背後が映った。
ソファ越しに、何か薄青白い、丸いものが覗き込んでいた。
見てはならない。目を閉じる。
また、声が聞こえた。
〈もまん――〉
背中全体が強ばっているせいか鈍く痛む。
更に声が響く。
〈もまう〉
断言するような言葉の後、急に気配が消える。匂いも失せる。
全身の緊張が解けた。瞬間的にソファから離れ、振り返る。

何も誰もいなかった。

音を立て、テレビが復活する。賑やかな音声が流れて、ようやく我に戻ることができた。

背中の痛みは消えていた。


以降、怪しいものは出てこない。

反比例するように井波さんの身体は弱くなった。

特に内臓系を病むことが増えた。

胃に穴が開く。十二指腸潰瘍になる。肝臓に問題を抱える。

更に、精巣に癌が見つかり切除する事態にも見舞われた。

性行為で子供をもうける確率が極端に低くなったことは否めない。

否。それ以前の問題で、すでに男性自身が機能しなくなっている。

そんな不健康な男と結婚してくれる女性は、ほぼいない。

だから、そういう意味でも血を分けた子供は残せない。

彼はあの美智の声で発された言葉の意味を考えてみたことがある。

あむん。もまん。もまう。そんな風に聞こえた。もちろん答えは見つからない。
代わりに〈私を裏切ったら、呪ってやる〉を思い出してしまう。
裏切った、が差すのが波瑠子のことならば、彼女もまた美智の犠牲となったのか——。

取材場所のカフェで、井波さんが苦々しく吐き捨てる。
何であんな人間と付き合ったのか。後悔しかない、と。
その言葉が終わる瞬間、彼の携帯が数度鳴って、切れた。
着信履歴はなかった。

井波さんは、見えないものに怯えながら毎日を懸命に生きている。

継承

A子さんが小学生の頃、家に空き巣が入った。

部屋は盛大に荒らされていたが、通帳や金目の物は手付かずのままだった。

A子さんは両親と三人家族で、祖父母から譲り受けた田舎の広い家に暮らしている。

母親は片付けがあまり得意ではなく、一体何が盗まれたのかすぐには分からなかったそうだ。

翌朝になってようやく、母親が失くなっている物に気付いた。

A子さんの臍の緒だった。

臍《へそ》の緒は、A子さんの部屋の押し入れで保管していた。

小さな桐箱に入れ、母子手帳、エコー写真、乳児期のアルバムと一緒に衣装ケースの最上段に収めていた。

そこから桐箱ごと臍の緒は消えていた。

母親は大変ショックを受け、A子さんも自分の臍の緒が盗まれたことに、なんとも形容し難い気味の悪さを感じたという。

結局犯人は捕まらなかった。


やがて大学生になったA子さんは、実家を離れることにした。

自室で荷物をまとめていると、押し入れで小さな桐箱を見つけた。

「これって……」

手に取り軽く振ってみる。

カラカラと乾いた物が転がる音がした。

「私の臍の緒だ。盗まれたのは勘違いで、ずっと押し入れにあったんだ」

ほっと胸を撫でおろし、彼女は桐箱を開けた。

「ひぃっ」

A子さんは思わず悲鳴を上げた。

箱の内側にはびっしりと黒い文字で、

「離、病、死」

と書かれていた。

よく見ると臍の緒の表面にまで、細く小さな文字が書き込まれている。

血の気が引いたA子さんは、すぐに両親を呼んだ。

母親は箱を見るなり、「あなたのせいですよ」と父親に言った。

「あいつとは限らんだろう」

「あの女に決まってます！　盗んだ後、縁起でもない文字を書いてこの家に戻したんですよ！」

激昂する母、バツが悪そうに俯《うつむ》く父。

A子さんは初めて父親の過去の不倫を知った。


その後、A子さんは臍の緒を置いたまま実家を出た。

この一件で両親はみるみる不仲になり、翌年に離婚。

母親は再婚したがうまくいかず、すっかり心を病んでしまった。

今は都心でA子さんと一緒に暮らしている。

「最近、母に深刻な病が見つかりました。あまり長くないでしょう。母は父の不倫相手が私の臍の緒を使って、自分に呪いをかけたと言っています。母の体の一部でもありますからね」

そう話すA子さんには、気掛かりなことがあるという。

「臍の緒って母と子を繋ぐものでしょ？　だから呪いも継承されるんじゃないかって……」

父親とは随分前から連絡がつかないらしい。

臍の緒の行方も分からないそうだ。

引き継ぐ

五年ほど前の話である。その日、小山さんは思い切って娘の部屋を掃除していた。押し入れやタンスの整理は昨日のうちに済ませてある。あとは机の中身だけだ。使わなくなった文房具をゴミ袋に入れ、高校の教科書やノートを束ねていく。ある程度進んだところで、見慣れないノートが出てきた。裏表紙に優樹菜と書いてある。間違いなく娘のものだ。

勝手に読むのは悪いと知りながら、小山さんは表紙を捲った。細かい文字でびっしりと刻むように書いてある。所々に日付が記されている。どうやら日記のようだ。

読み始めた小山さんは、思わず口を覆った。そこに綴られているのは、優樹菜さんが受けたイジメの記録であった。

それは唐突に、何の理由もなく始まったらしい。優樹菜さん自身も戸惑っている様子が読み取れた。

イジメは徐々にエスカレートしていった。傷つけたり、髪を切る等の外見で分かるような単純なものはない。

優樹菜さんは人として、女性としての尊厳を徹底的に踏みにじられ、使い捨ての玩具として扱われていた。最終的には売春も強要されていたのである。

小山さんは全く気付かなかったどころか、体の不調を訴える優樹菜さんを仮病扱いして、無理矢理登校させていた。

何ということをしてしまったのか。母親として、最低ではないか。小山さんは震える指でノートを捲っていった。

残り三分の一を過ぎた頃から、内容が変わった。優樹菜さんは、呪いについて調べ始めていた。ありとあらゆる文献を紐解き、ネットで入手した情報や手段を事細かに書き記し、考察を加えている。

揃える物や手順を比較し、実行可能な方法を絞り込んでいく。日本のみならず、海外の黒魔術なども調べている。

結論として、ある方法が選ばれていた。この方法でやれば、相手が自殺するらしい。用意する物と手順が丁寧な図入りで説明してあった。

その図の下に強い決意が殴り書きしてある。


この方法だと自分の命と引き替えだから、一人しか殺せない。吉池と寺田、両方とも憎くて仕方ないのに悔しいな。


最後のページには、お母さんごめんなさい。お父さん、お母さんを守ってください。優樹菜は地獄に堕ちますと書かれていた。

このノートは、いずれ読まれるであろう未来に託された遺書であった。

優樹菜さんの呪いが成就したかどうかは定かではないが、確かに吉池という生徒は自殺している。父兄会を通じて噂だけは流れてきていた。

自宅があるマンションの三階から飛び降りたにも拘らず、遺体の損壊が酷かったため、確認に手間取ったそうだ。

気になる噂であったが、当時の小山さんはそれどころではなかった。

優樹菜さんが昏睡状態の末、病院で息を引き取ったからだ。


小山さんはノートを優樹菜さんの仏壇に供え、遺影に向かって話しかけた。

「気付いてやれなくてごめんね。許してね」

その瞬間、優樹菜さんの遺影が動いた。唇の動きに合わせて「おかあさん」と耳元で声がした。

初七日を終えた頃から止まっていた涙が、号泣とともに溢れ出てきたという。

娘がやり残したことは、母親として引き継ぎます。それで地獄に堕ちるとしても、娘に会えるから丁度いい。

小山さんはそう言って静かに笑った。

結果、どうなったかは知らない。知ってはならない気がする。

悪筆と達筆

都内のある小学校で、教師を務める夏江先生が数年前に体験した話だ。

「よく怖い児童書なんかで紹介されている、呪いの手紙とかラブレターとか聞いたことがありますか？　内容を見ると不幸になるとか、恐ろしい予言が書いてあるとか。そこまでのインパクトはないのですが、掴みどころのない変な出来事でした」

そう言いながら、先生は自分の体験談を話してくれた。

夏江先生の勤める小学校は戦前から続く、なかなか歴史のある学校だった。

ある年、夏江先生は二年生のクラスの担任になった。

クラスでは新学期から「お手紙ごっこ」という遊びが流行っていたらしい。

生徒が手紙を書いて、それをこっそり親しい友達の机の中に入れておく。

受け取った方もお返しに手紙を書いて相手の机に入れる、という他愛のない遊びだった。

「お手紙ごっこ」は男女問わずに流行っていたが、クラス内で莉愛さんという女の子だけが誰からも手紙をもらったことがない、と夏江先生に小さな声で打ち明けた。

莉愛さんはかなり大人しい性格の女の子で、夏江先生も気にかけてはいたが、クラスの皆からいじめられたり無視されたりというようなことはなかった。

だが、その消極的な性格が災いして、一年生の時からずっと親しい友達と呼べる子がいなかったのだ。

「なら、莉愛さんの方から誰かにお手紙を出してみない？　きっとその子はお返事の手紙をくれると思うな、先生は」

夏江先生がそうアドバイスすると、莉愛さんは目を輝かせてコクリと頷いた。

翌日の放課後、莉愛さんが夏江先生の元に嬉しそうに駆け寄ってきた。

「誰かにお手紙を出したの？」

先生が莉愛さんに聞いたが、彼女は軽く首を横に振った。

「私の机にもお手紙が入っていたの！」

莉愛さんは嬉しそうにそう言って、夏江先生に一通の手紙を差し出した。

「まだ読んでないの。先生と一緒に読みたいから……」

莉愛さんから受け取った手紙を手に取って見て、夏江先生は眉をひそめた。

そして夏江先生はしばらくの間、封をしたまま手紙を調べる。

それは薄桃色の上質で上品さを感じさせる和紙の封筒、明らかに小学生が百円ショップ等で買えるような安物ではないことが分かった。

さらに封筒のどこを見ても、差出人の名前は書かれていない。

封筒の口も、とても綺麗に糊付けされており、低学年が一人で作るのは難しいだろう。

誰かの巧妙な悪戯《いたずら》か、それとも間違って莉愛さんの机に置かれてしまった物か？

綺麗な模様の封筒とは裏腹に、先生はその手紙になぜか不吉なものを感じた。

「莉愛さん、せっかく来た手紙だけど一日だけ先生が預かっていい？　この手紙、少し気になることがあるのよ」

それを聞いた莉愛さんは少し残念そうな顔をしたが、素直に応じた。

「さて、持ってきてしまったけど、果たしてどうしたものかしら」

夏江先生は自宅に帰った後、自室の机に座って悩んでいた。

先生は莉愛さんの机に入っていたという薄桃色の手紙を、他の先生たちに相談もせずに自宅に持ってきてしまった。さすがに「お手紙ごっこ」程度のことで話を大きくしたくはなかったからだ。

「預かるとは言ったけど、やはり勝手に開けてしまっていいものかしら……」

怪しい手紙ではあるのだが、もし本当に莉愛さん宛の手紙だったら、子供のお遊びとはいえ勝手に中身を読むのは良いことではない。

「でも封筒には、莉愛さんへ、とも何とも書かれていないから。やっぱり変な手紙は教師である私が確かめないと……」

夏江先生は、ペーパーナイフで慎重に手紙の封を切ると中身を取り出した。

便箋が三枚、封筒と同じ薄桃色でやはり品を感じさせるものだった。

しかし、それよりも便箋に書かれた文字を見た途端、夏江先生は頭を抱えた。

「すごい悪筆！　これじゃ品の良い便箋が可哀想だわ」

便箋には辛うじて日本語と分かる、恐ろしく汚らしい文字の文章が三枚に渡って、びっしりと書かれていた。

「生徒たちの汚い字はけっこう見てきたけど、ここまではなかなか……」

文章の冒頭にはやはり汚い字で、莉愛さんへ、と書かれているのが何とか分かり、この手紙は確かに彼女宛に送られた物らしかった。

夏江先生は悪戦苦闘の末、字の癖や法則性のようなものを探り、何とかこの汚らしい文字の文章の解読に成功した。

「莉愛は髪の毛が綺麗。莉愛は挨拶が丁寧。莉愛は物を大切にする。莉愛はお年寄りに優しい。莉愛は礼儀正しい。莉愛は……」

その内容は汚い字とは対照的に、莉愛さんをひたすら褒める短い文が便箋三枚に、ほぼ隙間なく書き込まれていた。

「なんかここまで褒めてばかりいると、昔に流行った『褒め殺し』みたい」

しばらく手紙を眺めていた夏江先生は、執拗に莉愛さんを褒める文章に気味の悪さを感じながら、便箋を封筒に収めて仕事用バッグに入れた。

「この手紙は莉愛さんに見せてもいいけど、問題は誰が差出人か？　よね」

解読に疲れた先生は、ショボショボになった目をこすりながらベッドに入った。

「明日、他の先生たちにも相談しよう」

翌朝、夏江先生は朝早く学校に行って職員室で薄桃色の手紙を出そうとした。

しかし、いくらバッグを探っても昨晩、確かに入れたはずの手紙が見つからない。

「どうしよう、莉愛さんになんて言おう」

先生は焦り、困惑しながらもとりあえず教室に向かった。

まだこの時間に、教室には生徒たちは来ていないはずだった。

だが、教室には一人だけ、生徒が席に座っている。

「莉愛さん、ずいぶんと早く登校したのね」

夏江先生が声をかけると、莉愛さんは立ち上がって先生の元に寄ってきた。

「先生、おはようございます。またお手紙をもらいました」

莉愛さんはニコニコしながら、嬉しそうに先生に薄桃色の封筒を差し出す。

封筒を見て先生は動揺し、受け取るのを一瞬、ためらった。

昨日の物と全く同じだ。

しかし、今度は封が切ってある。

莉愛さんの机に上には、子供用のハサミが置いてあった。

「このお手紙、きれいなだけじゃなくて莉愛のことをたくさん褒めてくれるの！」

莉愛さんは汚い文章で埋め尽くされた便箋を広げて、無邪気に喜んでいた。

「そう……、内容を読んだの。ちょっと汚い字だから読むのは大変じゃなかった？」

夏江先生は、莉愛さんから受け取った便箋の文章をよく確かめる。

書かれている汚い文字と文章の並びも、昨日の手紙と全く同じように見えた。

「ううん全然汚い字じゃないよ、凄く綺麗な字。私は礼儀正しいって書いてくれたのが、とてもうれしかったの」

便箋を返された莉愛さんは、それを胸に抱きしめると体を軽くゆすって喜ぶ。

その様子を見て、夏江先生はもう一度手紙を貸してくれとは言えなくなってしまった。

「綺麗な字か……。そのお手紙、誰がくれたのか分かるといいわね……」


手紙を持ち帰った莉愛さんは、次の日から学校を休んだ。

原因不明の熱を出して寝ているらしい。

「まさか、あの手紙は関係ないわよね」

そう思いたかったが、夏江先生は胸騒ぎがおさまらなかった
夏江先生が莉愛さんの母親に電話をすると、莉愛さんは熱こそ下がらないものの普通に意識はあるし、本を読むくらいの体力はあると言っていた。

さらに莉愛さんは絶えず、薄桃色の手紙を枕元に置いているらしい。

「学校で初めて、友達からもらったお手紙」と言って大切にしているのだという。

それを聞いた夏江先生の体には悪寒が走った。

「その手紙はたぶん、処分したほうがいいかと……」というセリフが先生の喉元まで出かかったが、すんでのところで抑えた。

やや気味の悪い存在ではあるが、あの手紙が莉愛さんの熱の原因になっているという証拠はどこにもない。何の根拠もなく、そんなことを言ったら母親から自分がおかしく思われるだろう。

「早くお熱が下がって、学校に来てくれるのを待ってますよ」

夏江先生は母親にそう言って電話を切ったが、心の薄暗い霧は晴れない。

手紙と莉愛さんの熱は関係なく、どうか自分の思い過ごしであってほしいと思った。


その後、先生の予感が的中したように莉愛さんの熱は下がるどころか高くなり、本を読むどころか立ち上がるのも難しくなってきたという。

さらに数日後、いろいろ手を尽くしてくれた医者にも原因は不明だと言われてしまったと、莉愛さんの母親から放課後に電話での連絡があった。

「何をやっても一向に熱が下がらなくて。明日から入院させます……」

夏江先生以外は誰もいない職員室で、彼女の持つ受話器の向こうから、母親の憔悴しきった声が響いてきた。

「お母さん、莉愛さんはあの手紙を、薄桃色の手紙を……」

夏江先生が莉愛さんが枕元に大切に置いているという、あの薄桃色の手紙をどうしているのか母親に聞こうとした。

その時、パシンッ！　という音とともに夏江先生は突然、何かで頬を叩かれた。

先生の視界の隅で一瞬だけ動いて、彼女の頬を叩いたのは薄桃色の何かだった。

気付くと母親との電話は切れていた。一人だけの職員室で夏江先生は震えながら頬を触り、叩かれた感覚を確かめた。

体の震えが止まらない先生に、莉愛さんの母親に再び電話をする勇気はなかった。

その晩、夏江先生は己の無力さに打ちひしがれたという。

だが驚いたことに次の日、莉愛さんは何事もなかったかのように登校してきた。

「熱も下がったし、全然どこも悪くないからお母さんが行っていいって」

莉愛さんは、昨日まで寝込んでいたとは思えないほど元気な様子で、夏江先生にはっきりとそう言った。

「よかった。お熱、下がって本当に良かったわ。でも無理しないでね」

先生はそうは言ったものの、昨日まで高熱で入院しそうだった我が子を、回復したからと言って学校に何の連絡もなく登校させるものだろうか？　と疑問に思った。

そして莉愛さんは確かに体調が良さそうだったが、どこか浮かない表情をしている。

「莉愛さん、何かあるの？　実はまだ調子良くないのかな」

夏江先生が優しく話しかけると、莉愛さんは悲しそうな顔で意外なことを言った。

「お母さんにお手紙を取られちゃったの……」

それを聞いて夏江先生はすぐに莉愛さんの家に電話をし、母親にいろいろと尋ねた。

「莉愛さん、確かに元気そうですけどもう登校させても大丈夫でしょうか。あと、彼女が例の手紙をお母さんに取られてしまったとも言っていましたが……」

夏江先生の問いに、母親は静かな声で答えた。

「私も娘宛のお手紙を読みました。凄く達筆の子ですね。小学生とは思えないほどの」

「達筆ですって、あの字が⁉　莉愛さんも同じようなことを……」

母親の話を聞いて、夏江先生は思わず受話器に向かって言ってしまった。

そしてすぐに、母親に手紙の内容を聞いてみた。

この娘は違う。

母親が言うには綺麗な字で書かれて文章は、たったこれだけだったという。

「うちの娘は違う、そう書かれていたから大丈夫なんです。先生、娘をこれからもよろしくお願いします」

母親は丁寧に、しかし冷たい感じで先生にそう言うと電話を切ってしまった。

「莉愛さんのお母さん、どうしちゃったの」

あの手紙のせいだろうか？　と、先生は不安な気持ちのまま受話器を置いた。

それ以降、莉愛さんの机にあの薄桃色の封筒が再び来ることはなかったが、手紙の差出人は最後まで不明のままだった。

そして母親に取り上げられてしまったという、莉愛さん宛の薄桃色の手紙の行方も分からずじまいだという。

熱が下がったその日以来、莉愛さんが母親にいくら尋ねても、そんな手紙のことは知らないと言うだけの一点張りらしい。

それが本当なのか、それともあの母親が嘘をついているのか夏江先生には分からない。

「この娘は違う、ということはあの手紙が探している女の子が、この小学校にいるのかもしれない。手紙がその子を見つけたらどうなるのか……？」

夏江先生は、また再びあの薄桃色の手紙が女生徒の机に置かれないことを祈りながら、現在もその小学校で教師として奮闘している。

出鱈目な呪い

小学五年生の夏休みの終わり。Mさんはひどく憂鬱だった。

理由は当時、同じクラスだったO。Mさんは彼のグループからイジメを受けていた。

新学期、再び顔を合わせるのが嫌で仕方がなかった。

「あいつ、いなくなればいいのに」そう思いながらも、力で立ち向かう勇気はなかった。

そこで思いついたのが、心霊特番でやっていた丑の刻参りだった。MさんはOに呪いをかけてやろうと考えたのだ。

しかし、すぐ障害にぶつかった。まず家に藁も五寸釘もない。

それに、丑の刻に藁人形を木に打ちつけるために神社に出向くなど、恐ろしくてできない。

考えた末、自分に可能な方法にアレンジをすることにした。

まず藁人形をてるてる坊主で代用。

綿にクラス写真から切り取ったOの写真を貼り付け、上から布を被せて輪ゴムで留める。

そして、神社の代わりにしたのが近所を流れる川だった。

Oが夏休みの間、遠方の祖父母の家に滞在し、川で泳ぐのを楽しみにしているとクラスメイトに話しているのをMさんは聞いていた。

川という場所の繋がりで効果が出るのではと思いついたのだ。

てるてる坊主を持って橋に向かう。橋から下を見ると、濁った川が流れている。周囲に誰もいないことを確認すると、Mさんは「Oがいなくなりますように」と念じて、てるてる坊主を川へ投げ入れた。

てるてる坊主の首には糸が掛けられ、その反対には石が結ばれていた。

石が軽い音と波紋を立てる。続いて糸に引っ張られ、てるてる坊主が沈んでいく。

濁った流れの中で、ユラユラと揺れるてるてる坊主が、水の中でもがくOに重なった。

その時にMさんは、〝いなくなればいい〟で誤魔化していた自分の気持ちに気がついた。

自分のしたことが怖くなった。しかし橋の下に降りて回収することもできない。やがて糸が切れたのか、てるてる坊主は濁った流れの中を消えていった。

新学期、Oは無事に登校してきた。だが真っ黒に焼けた肌の首には白い包帯が巻かれ、友人がどんなに尋ねても理由を答えなかった。

その後、OたちからMさんへのイジメはなくなり、小学校を卒業してからは接点もなくなった。

「死ぬことはなかったけど、効果はあった。でも〝人を呪わば〟ってことなんすかね。あんな出鱈目な方法でも」

現在Mさんは毎年同じ日の夜に同じ夢を見る。水の中で小学五年の自分に首を絞められる夢を。

呪言

信じなくても良いと、ある人が教えてくれた。

それは氏のお姉さんのことであった。

彼女は、会社勤めをしている。

が、半分は呪術師的なことも生業としていた。ただ、呪術師としての稼ぎはほぼない。

「ま、半農半呪術師だよ」

そんな風にお姉さんは笑っていた。

元々は母方のお祖母さんが呪《まじな》い師であった。

子供の夜泣きを治してくれ、や、失くした物を探してくれ、などの小さな依頼が大半だったようだ。

このお祖母さんが「この子（お姉さん）は自分より力がある」と太鼓判を押した。

意識して言葉を発すれば、それが呪術となるレベルである、らしい。

例えば「○○家の中から悪いモノが出ていく」と口にすれば、祓《はら》いになる。

病気の人に「悪い部分はなくなるよ」、そんな風に直接伝えれば、相手の病巣が小さくなり、徐々に回復へ向かっていく。

——そのような力である。

お祖母さんはお姉さんに一つだけ注意をした。

「修行すればするほど力は増していくが、大きな力を得た場合、聖人君子的な生活をしないと呪者そのものの命を縮める結果になる」

だから氏のお姉さんはできうる限り普通に暮らすことを選んだ。

それでも、彼女の力は徐々に大きくなっていった。

意識せずに言葉にしたことですら、相手に影響を及ぼすのだ。

〈あの人、嫌な人。会いたくないなぁ〉

友人との軽口であったが、その相手は一週間経たずに予想もしない事故で長期入院した。

他、似たことが数回起きた。

無意識とはいえ完全な呪詛である。

感付いたお祖母さんが遠方から出てくると、お姉さんに助言をした。

「アンタの場合、外に出た言葉に力があるから、きちんと使い分けるように」

そこで改めて力の使い方を教わった。

そして、できるだけ人のためになる呪いをしようと決めた。

以降、お祖母さんのところへ来た依頼を受けるようになっていった。

もちろん飛行機の距離のことだから、現地には行かない。

お祖母ちゃんから電話で聞いた相手の住所、名前と生年月日があれば、あとはお姉さんは自宅で言葉にするだけだ。

「○○さんの病気がよくなりますよう。右腕の痺れが取れますよう」

これで終わる。

効果が出始めるのは、早くてその日。遅くても一か月以内だ。

複数の依頼を終えると、お姉さんの体重が減る。

加えて、食べても食べても太れない。それほど消耗するようだ。

ただし、依頼でもらう心付けは微々たるものである。

一度、どこで噂を聞きつけてきたのかある団体から依頼があった。

その時、大きな金額を提示されたが、話そのものを断った。

そうすべきだという直感だった。

その団体は今も存続しているが、縮小の一途を辿っている。


お姉さんと直接話す機会を得た。

一見普通の人にしか思えない外見だった。

彼女はすでに結婚し、夫と子供二人の四人暮らしだと言う。

理解ある夫のおかげで今も呪術師をしている。

終わるときは、多分お祖母ちゃんが亡くなったときで、それまで半農半妻半母半呪術師を続けるつもりだった。

そんな彼女には気になることがあるらしい。

今、誰しも〈うぜぇ〉〈死ね〉などを気軽に口にしていることだ。

「これは呪いの言葉で、相手を傷つける呪術である」と誰かが言っていた。

が、お姉さんからすると少し違う解釈になるらしい。

〈汚い言葉を出せば、それは相手を一時的に呪い、傷つけることは確かだ。でも、最近の人間は魂そのものが太くない。だから効き目が薄い。逆に常に「死ね」とか口にしている方が命を削られている〉

街中を生気のない人間がぞろぞろ歩いているのはそのせいだ。

人が弱れば、国が弱まる。とてもよくないことだ。

しかし、とお姉さんの目が鋭くなった。

「どうも他の大きな力も働いている可能性もある。この国を弱体化させたい側から掛けられた呪詛ではないか。沢山の人がこれに気付けば、少しはマシになるはずなんだけど」

何事も気付きは大事だって伝えて、とお姉さんは微笑んだ。

真梨香さんのこと

実話怪談の世界に長く身を沈めていると、怪しい人物との交流も増えてくる。

真梨香さんもその一人であった。真梨香さんはベテランのホステスだ。とにかく話が面白く、客を飽きさせない。

年齢不詳、見た目は可愛らしく、いつも人の輪の中心にいる元気の塊の女性である。だが、真梨香さんには公にできない副業があった。

呪いの代行業である。私が実話怪談を書いていると知って、そっと教えてくれたのだ。

何が気に入ったのか真梨香さんは、その仕事ぶりを見せてくれるという。何なら話にまとめてくれてもいいとも言ってくれた。

約束当日、待ち合わせ場所に現れた真梨香さんは、カーキ色のリブニットのワンピースを着ていた。グラビアアイドル並みの体によく似合っているが、連れだって歩くには些《いささ》か目立つ服装だ。事実、通りすがりの男たち全員が目を奪われている。対応に困り、妙なしかめっ面になる私を面白そうに見つめ、真梨香さんは今日の予定を口にした。

すでに新規の依頼を受けており、必要な材料を集めるそうだ。

何を思ったか、私の腕に自らの腕を絡め、真梨香さんは体を密着させて歩き出した。どう見てもホステスの同伴出勤だ。

「はい、まずはそこ」

真梨香さんが指さした先に電柱がある。その電柱の根本に、お菓子が少量と花が置かれている。間違いなく事故現場だ。

真梨香さんはいきなりしゃがみ込み、何事か始めた。まるで焚火にあたるかのように、両の掌を差し出している。

しばらくして真梨香さんは、また歩き出した。先ほどと同じく、すり寄ってくる。

「次は――あのビルの下」

七階建てのビルの駐車場に入り、今度は地面に向けて掌を差し出す。しばらくしてまた歩き出し、立ち止まって掌をかざす。

真梨香さんの異変に気付いたのは、この時だ。明らかに体が冷たい。季節は初夏を迎え、気温も上がっている。

外にいるだけでうっすらと汗ばむぐらいだ。それなのに真梨香さんは、どんどん冷えていく。

「はぁ、助かったわ。いつもは寒くて仕方ないいんだけど、今日は貴方がいるし。思った通り、体温高いわね」

そう言って呑気に笑う。

「よし、こんなもんで良いわ」

一体、何をしていたのか訊ねると、真梨香さんは丁寧に説明してくれた。

街角や建物に残っている恨みを回収し、適当な媒体に詰めて祈りを捧げる。

そうすることで、威力が何倍にも膨れ上がり、より良い結果が得られるのだという。

初めて耳にする方法である。それもそのはずで、真梨香さん自らが長い時間をかけて構築した方法だ。集めた恨みは、然《しか》るべき場所で作業するまで自らの体内に保管しておく。

それが最も安全な運搬方法らしい。その代償として、体温が下がる。

「回収しても次行くとまだ残ってたりするのよ。凄いよね、人の念って。はぁ暖かい。いい感じね、貴方」

要するに私は、暖房器具の役目を担ったわけである。危険性はないのか心配する私に、真梨香さんは自信たっぷりに微笑んで言った。

「大丈夫、そこまで危ない依頼は受けないから」

殆どが男女間のトラブル、所謂色恋沙汰であり、相手の命を奪うような呪いは請けない。運気を下げる、職場で大失敗する、家庭不和を起こす。その程度だ。

その後、真梨香さんは仕事場と称するマンションに向かった。

暖房器具を勤め上げた御褒美として、作業現場も見学させてもらえた。

豪華な内装の2LDKの一室が作業場であった。真っ先に目に入ったのは、天井まで届きそうな大きな祭壇だ。

金色の壇には、多種多様な神様の像が並べてある。見覚えのあるものも、見たことがないものもある。

真梨香さん自身、どの像が何の役割を果たしているか分からないという。

「何となくピンと来たものを飾っているだけなのよ」

真梨香さんは次に、集めた恨みを詰める媒体を見せてくれた。鍵付きの箱を開け、一つずつ取り出す。

藁人形っぽいものを想像していた私は、大いに驚いた。ライター、歯ブラシ、ポケットティッシュ。いずれも新品の生活雑貨だ。真梨香さんが言うには、常に持ち歩くもの、或いは日々繰り返し使う物が最適だそうだ。

藁人形も悪くはないのだが、作る手間が面倒で材料も入手し難いし、いかにもといった外見は相手に警戒されてしまう。

「皆、藁人形の方が集中しやすいから使ってるだけよ。あたしのやり方は違う。そいつの生活にさり気なく密着する物の方が効く。さてと、ここから先は企業秘密。今日はありがとね、今度何か奢るわ」

もう少し見ていたかったが仕方ない。私は素直に部屋を後にした。

それから半年ほど経った頃。仲間とともに居酒屋で、馬鹿な話で盛り上がっていた時のことだ。

仲間が急に黙り込んだ。私の背後を見ている。右肩を叩かれ、振り向こうとした頬を指が邪魔した。

「やーい。引っ掛かった」

聞き覚えのある声。真梨香さんだ。相変わらずの外見である。

「探してたのよ。今ちょっといい？」

仲間からの羨望の眼差しを浴びながら、私は真梨香さんの後に続いて店の外に出た。

思った通り、仕事の話だった。呪う対象の人物が何かに護られており、何度も失敗しているらしい。

「あれに勝つぐらい強力な念が欲しいのよ。貴方、どこか手頃な物件知らない？」

要するに強力な心霊スポットを紹介してくれというのだ。生憎《あいにく》だが、すでに有名な場所しか知らない。

勿論、今までに書いた話に登場する家や場所はあるが、それは封印して墓場まで持っていく約束だ。

教えられるような情報はないと謝ると、真梨香さんは大袈裟に肩をすくめ、笑ってくれた。

「しょうがないか。そっちも企業秘密だもんね。ありがと、また今度付き合ってね」

そう言って真梨香さんは歩いていった。

半月後、真梨香さんの友人だと名乗る女性から電話が掛かってきた。とある総合病院の名を告げ、今すぐ来られないかという。嫌な予感がした私は、急いで家を出た。

教えられた病室のドアを開けた途端、真梨香さんの笑い声に出迎えられた。唖然として立ち尽くす私に近づき、真梨香さんは腕を絡めてきた。その体は今までとは比較にならないほど冷たい。一瞬、死んでいるのかと思ったぐらいだ。

「あー。これこれ。やっぱり暖かいわ。あれよね、きっと貴方は沢山の人や動物に護られてんのね」

真梨香さんは、私にしがみついたまま、それまでの状況を話し始めた。

あの日、私と別れてから様々な伝手《つて》を辿り、表には出てこない心霊スポットを探し当てた。

以前、殺人事件があった場所らしい。中に入る必要はない。門の前に立ち、真梨香さんはそっと掌を差し出した。

その途端、手首に指がまとわりつく感触がした。ただし、五本どころではない。何十本もの指が絡みついてくる。

物凄い力で、門の中に引きずり込もうとしている。必死で抗いながら、真梨香さんはその場を離れた。

回収は失敗したが、依頼された仕事は成功した。指に絡みつかれただけで、堅い護りを貫けるような恨みが溜まっていたのだ。

ただ、その日以降ずっと体温が上がらず、店で倒れて救急搬送されたのである。

症状としては低体温だけなのだが、このままずっと体温が下がり続ければ、下手をすると死に繋がる。

意識を取り戻した真梨香さんは、一番に私の顔を思い出したのだという。

「ほらこれ見てよ。商売物の体になんてことを」

見せてくれた手首には、明らかに指と思われる痕がびっしりと残っている。

半時間後、真梨香さんはすっかり回復した。医師の診察が終わり次第、退院決定は間違いない。

エレベーターホールまで私を見送り、真梨香さんは胸のあたりで手を振った。あの指の痕はすっかり消えていた。

「まとめて御礼するから。超期待して待ってて」

まだ御礼は受け取っていない。

げっぷ

鍼灸師である佐伯の修業時代の話。

師事した先生の治療院で仕事を任せてもらえるようになった頃、佐伯が馴染みの患者を施術中に新患が一人やってきた。

三十代の綺麗な女性だったが、その人が入ってきた途端に佐伯は息苦しくなってきた。カーテンで仕切られた場所で施術をしている先生がいつものようにげっぷをしている。

目の前の患者を何とか施術して、新患の女性を部屋に迎え入れたら、

(息ができない⁉)

喉に何かが詰まってるような感覚。隣からは先生の立て続けのげっぷの音。それでもどうにか施術しようと気合いを入れてその人へ向かい合った。

バタァン！

何が起こったのか自分でも分からなかった。

「大丈夫ですか⁉」

女性が驚いて声を掛けてくる。どうやらひっくり返ったらしい。

「え　ああ　がはぁ！」

詰まっている喉で必死に息をしながら返事をするが言葉にならない。頭もボーッとしてくる。明らかな酸欠だった。

（あれ？）

心配して覗き込んでくる女性と一緒に何人もの子供の顔が見えた。

（子連れだったたっけ？）

考えられたのは一瞬だけ、佐伯の意識は落ちていった。


バンバンバン！

背中を叩かれているようだったが、それさえもぼんやりする。

ぐっ！

げっぷ

背中にある経絡を強く押される感覚。そして、

「げふぅぅぅ」

自身の大きなげっぷの音とともに佐伯は目覚めた。同時に激しく息をする。やっと気道が開いたのだ。


「大丈夫か？」

先生が話しかけてくる。佐伯は施術台に座位の状態で介抱されていた。

「あ、先生。そうだ、新患の女性と……」

「あの人なら帰ってもらったよ。俺でも手に負えないからな」

先生は邪気が体に入ったのだと言った。そういう時はげっぷみたいに空気を出して邪気を体から追い出すと良いらしい。先生自身、先ほどの女性が建物に入ってきてから息苦しさが増して呼気で邪気を排出していたそうだ。


「あれは呪いをやった時に生じる邪気だ。病気の治療以前の問題なんだよなぁ」

突然呪いなどと言われて面食らった佐伯だったが、針灸の技術とともに『気』について

教示されたことも多く、不思議と合点がいった。ただ一つを除いて。

「あの患者さん、お子さん何人でしたか？」

「ん？　一人だったぞ」

疑問を先生に問うと怪訝そうな顔で返された。

先生の言う呪いが女から発したものではなく、倒れる刹那に見えた子供たちによるものではないかと佐伯は思った。

何故ならその子供たちは倒れた佐伯ではなく、女の方を睨むように凝視していたからである。

呪い返し

川辺さんが勤務する会社は保険会社。

彼はその会社で保険の営業マンとして働いている。

やはり保険の営業ということになると誰もが想像する通り、熾烈な成績争いが毎月のように繰り返されているそうだ。

壁にはその月の個々人の営業成績がリアルタイムで更新されていく棒グラフが貼り出され、一件成約を取るごとにその棒グラフに書き込まれていく。

営業部全員に自分の順位や同僚の成績があからさまに晒されているわけである。

おまけにそれはその月の給与にダイレクトに反映されるというのだから、まさにドラマさながらといった感じだ。

そこには先輩後輩の区別はなく、判別されるのは各々の数字だけ。

しかもその月のトップの成績ともなれば、とんでもない金額の報奨金が給料に上乗せされる弱肉強食の社会だ。そんな殺伐とした世界なれば、中には常軌を逸した禁忌の行為を行うものが出たとしても不思議ではないのかもしれない。

そんな厳しい生存競争をくぐり抜け、常にトップの成績を維持し続けている男がいた。

彼と同期の、Mという営業マンだ。

Mは毎月ずば抜けた成績を残し、壁の張り出しグラフでは常にトップを独走していた。

当然、先輩営業マンたちからは陰口を叩かれるほどに妬まれており、その中にはMに対して強い恨みを持つ者も少なくなかった。

ただ、同期の立場からすると、Mとは色々と話す機会も多く、陰では相当努力していることを知っていたので、妬むような気持ちはまるでなかった。むしろ、悩みの相談に乗ってもらうことも多かったという。

川辺さんはため息をついて述懐する。

「ほんと、いい奴だったんですよね……」と。

以下は川辺さんがMさんから聞いた話である。

ある夜、Mがこんな悪夢を見たという。

夢の中、鏡の前に立つM。その首と胸、そして顔面に黒い木綿糸を通した縫い針が突き刺さっている。

そして、その縫い針がM自身の体をどんどん縫い付けていくところで悪夢から目覚めたという。

Mは単なる悪夢として処理していたが、その後すぐに営業成績が低迷してしまい、ついには営業成績トップの座から陥落してしまった。

不幸はそればかりではない。時を同じくして右足に全く力が入らなくなってしまったのだ。そのせいで歩くことも儘ならなくなり、しばらく会社を休むことになった。

営業成績の不振はともかくとして、突然右足に力が入らなくなった彼はすぐに病院に行った。が、どの病院で見てもらっても異常は見つからず、医師たちも匙を投げてしまったという。

それでも納得できなかったMは、人伝てに霊能者を紹介してもらったそうだ。

その霊能者は山に籠もって修行を続けている行者のような男性だった。

霊能者は彼を見るなり、こう告げた。

貴方の肩越しに二つの呪いが視えます。

このままにしておけば命を取られてしまうでしょう、と。

そして、白い紙の表に梵字と不可思議な絵を、そして裏面にはMの数え年と性別を書き入れてMに渡した。

これは呪い返しに使う呪符です。

本来ならばこんなことはしたくありませんが、貴方の命を救うにはもうこの方法しか残ってはいないのです。

歩けない状態なのは理解したうえで言いますが、これから私が指示することは誰の助けも借りず、必ず貴方一人でやり遂げなければいけません。

そしてもう一つ大事なのは、それを誰にも見られてはいけないということ。

難しいことかもしれませんが、それを厳守しなければかえって貴方の命を縮めてしまいます。

もう時間はあまり残されてはいません。

いいですか。

今すぐにできるだけ大きな川に行ってこの白い紙を流してください。

自分一人で誰にも見られないようにして。

そしてその川から戻る際には決して後ろを振り向かないでください。

絶対にです。

振り返ってしまったらその時点で、貴方が助かる道は潰《つい》えてしまうと思ってください。

ただ、それらの条件を全てクリアできたならば、きっと呪いは相手に返っていき、貴方の命は助かるでしょう。


歩けない状態のMにとってはかなり辛い指示ではあったが、Mは杖をつきながら近くの川へ行き、できるだけ人気のない場所を探し、何とか無事にそれを成し遂げることに成功した。

不自由な足でその条件をすべてクリアするのは仕事の何倍も難しかったが、それでもMは死ぬ気でやり遂げた。

何しろその時のMにとって頼れるのはもうその霊能者からのアドバイスしか残されてはいなかったのだから。

それから七日後、Mの右足は突然動くようになり、それからすぐにMは仕事に復帰することができた。

しかし、Mの右足が動くようになり、会社に報告に行ってみると、一人の先輩社員が一週間ほど前から失踪しているのだと聞かされた。

そしてその二日後、彼が正式に仕事に復帰した当日に、その先輩社員の変死体が発見されたという訃報を聞いた。

状況から察するに、Mに呪いをかけていたのは失踪し、変死した先輩社員と思わざるを得なかったが、どうやらその先輩社員は冷たい先輩社員の中で唯一Mに対して親身に接してくれていた先輩だったらしく、しばらくは人間不信に陥ってしまったそうだ。

ただ、あの霊能者が言っていた言葉。

「貴方の肩越しに二つの呪いが視えます」

という言葉がずっと気になっているそうだ。

もしかしたら他の誰かも自分に呪いをかけていたのかもしれない。

しかし、現在に至るまでその犯人が誰なのか皆目見当がつかず、悶々とした日々を送っているという。

まだ呪いは終わっていないのではないか？
そう思えて仕方ないそうだ。

神棚

Cさんという管理職の女性から聞いた話だ。

「新卒扱いで就活していた頃、必ず面接で、『御社の社員の育児休暇取得率を教えてください』って質問をしてたのよ」

Cさんなりのブラック企業への防衛策だったのだと言う。大抵の会社には眉を顰められたが、唯一、とある印刷会社だけ「百パーセントだ」と答えた。Cさんはトライアル雇用として採用され、総務部に入った。

「そこは部長も主任も女性だったの。育休中の人もいてね、これはいい環境だなぁって最初は嬉しかったんだけど」

総務部には奇妙な習慣があった。毎朝の朝礼で、室内の隅にある神棚に全員で手を合わせるのだという。

地味な神棚だったそうだ。小さな花瓶と猪口《ちょこ》と豆皿、中央に木の箱。箱は、ミミズみたいな模様が入った紙のテープで封をされていた。

隣の席のFさんにあれは何かと尋ねると、彼女も詳しいことは分からないらしい。Fさんは C さんより半年間だけ先輩で、新婚だと言った。

Cさんは訝しみつつも皆にならって手を合わせた。

昼休みになり、食堂で女性社員たちとおしゃべりした。話の内容はもうすぐ育休明けの社員のこと。

そこでふと、主任が言った。

「次は誰の番かな？」

「私かTさんですね」

「うちは二人目だから、次の次でええよ。一人目がまだのNちゃんの方が先やん」

「ありがとうございます。入社して三年目でやっと順番が来ました」

何の話か、Cさんには意味不明だった。するとFさんが突然席を立ち、口を押さえて食堂を出ていった。

心配していたら、女性たちは声を潜めた。

「まさかFちゃん……」

「ダメよ。彼女はまだ入社して一年目でしょう」

「順番は守らな……」

彼女たちは、そう話していたそうだ。

その出来事から一週間後、Fさんが突然社内で倒れた。救急車で運ばれ、入院した。

「Fちゃん、早期流産したんですって」

「やっぱり妊娠してたんやね」

話を聞いたCさんが心を痛めていると、パンパン、と音が弾けた。

社員たちがあの神棚に手を合わせ、頭を下げていた。

五分か十分か、あまりにも長い時間だったので、Cさんには異様な光景に映ったという。

社員たち、特に主任は明らかに安堵した表情だった——とのことだ。

Fさんはそのまま退職した。Cさんも結局、試用期間の三か月で契約を打ち切られたそうだ。

「同じ管理職になった今なら、あの主任の気持ちが分からなくもないんだよねぇ」

Cさんは職場の愚痴、特に人手不足を話し出した。

権力の暴力

権威や権力は呪いである。

会社員の田辺さんはそんな言葉を漏らす。

権威、権力を持たざる側は、上からの圧力や無理な命令が呪いそのもの。

権威、権力を持つ側は、その地位から受ける影響が呪いである、と彼は言う。

上からの圧力や無理な命令は俗に言うパワハラなどに属するので、何となく呪いの意味も納得できる。

ただ、持つ側が呪われる、影響とは何か。

腑に落ちないでしょうねと笑う田辺さんが、説明をしてくれた。

田辺さんが新卒で勤めたのは、製造業の営業部だった。

営業は会社の花形というが、そこまで華やかではない。

取引先からのクレーム、納期や納入価格を始めとした無理難題な要求は当たり前。サービス残業、休日出勤、上司からのパワハラにも常に苦しめられる。

そんな激務に慣れた三年目、彼の同期である槇が異例の出世をした。

昇格とは違い、まごうことなき昇進だった。

槇は上司に可愛がられるタイプだ。仕事ができる上に性格も良く、同期や同僚からの信頼も厚い……といえど、三年目の二十代で課長というのはこの会社では前例がない。

そもそも他の課の課長は軒並み三十代後半であった。

前任の課長は派閥争いに負けて子会社に出向させられた。その空いたポジションに槇が入れられたのだ。

どういった経緯であろうと出世は出世。悔しさもあるが素直に祝おう、と他の同期が音頭をとり、祝いの席が設けられた。

ところが乾杯後、開口一番に槇はこんなことを口に出した。

「これでお前らとは立場が違うな。俺が勝ち。お前らは部下だ」

全員、呆気にとられてしまい、何も言えない。

「悔しいと思うけれど、上に認められて選ばれたのは俺だから」

だからこれからは、そういう気持ちや態度で接するように、と彼はせせら笑った。

あまりの豹変に、皆はただ戸惑うことしかできなかった。


ところが昇進後の槇はメンタルに不調を抱えてしまった。

上の期待に応えられない自身を責めてしまったようだ。

プレッシャーに弱いタイプだったらしい。

思ったほど数字を出せない。上から命じられた資格試験を受験しても合格できない。部下を上手く使っているつもりで、結果反感を買う。部下がリカバリー不可能なミスを出し、矢面に立たされるも、責任逃れの果てに墓穴を掘る。

傍から見ていただけで問題は山積していた。

ただ、どういう訳か槇を引き立てた部長の評価は下がらない。責任を取ることもない。

それどころか日に日に社内での評判は上がっていく。顔色も良く、精力的だ。どういう絡繰《からく》りか分からないが、昇進も近いともっぱらの噂だった。

会社自体も不況の中、業績が上がっていく。

社員の努力もあるのだが、同業他社と比較すると不自然なほどの躍進だ。

給料や賞与にも反映されるので、悪いことではないのだが違和感があった。

加えて、会社の調子と反比例するように離脱者が増えた。

病気や大怪我によるリタイアから、メンタル面で問題を抱えての退職。更に自殺者も出てきた。短期間に五人も自死する人間が出るのは異様である。

中途採用で補充された社員も同じく、だった。

これで会社が上手く回るはずがない。しかし、業績は上がり続ける。同業他社の中には倒産や民事再生法を申請する会社も出始めたのにも拘らず。

異常な状況を目の当たりにしている、これはバブルと同じで何がきっかけで終わるか分からないぞと、田辺さんたちは戦々恐々だった。


槇が課長になって三年が過ぎた頃だ。

彼は社内で首を吊った。

近くにコピー用紙が数枚散乱していたが、それは遺書だったようだ。

混乱の中、遺書を盗み読みした同僚曰く、何故か当時の次長――彼を抜擢した部長への賞賛の言葉と休職している女性社員への暴言があったと言う。

その休職している女性社員も少し前に自死している。

その女性社員を休職に追い込んだのは槇で、人格や外見への攻撃を含むパワハラ、そしてセクハラが原因だった。噂では口に出すのも憚られるほどの危害も加えていたらしい。

内々で処理をされたせいで外部へ漏れることはなかった。


槇の死から半年辺り後、田辺さんは異業種へ転職した。

大学の先輩が立ち上げた会社から誘いがあったからだ。

前職とは全く違う仕事だったが、毎日が楽しく張りがある。

社内は新しい会社ならではの活力に満ち溢れていた。

そんな日々の合間、ある休みの前日、帰り道で先輩と二人呑みに行くことになった。

転職後の悩みはないか？　という気遣いだった。

楽しく杯を重ねていると、先輩が冗談めかすように訊いてくる。

「お前のいた会社、正味の話、どうだった？」

包み隠すことなく当時のことを教える。

異例の抜擢。会社の躍進。不自然な退職や自死の連鎖。

先輩の顔が急に硬くなった。

「あー、本当だったのか」

先輩がぽつりと漏らした。

「お前のいた会社、呪術やってるぞ」

呪術。突然飛び出した漫画のようなワードに笑ってしまう。だが、先輩は真顔だ。

「異業種とはいえ、耳に入るんだよ。いいか、ちゃんと聞け」


田辺さんが辞めた会社は、地元の優良企業の一つである。

創業から四十年ほど経つが、初代会長が裸一貫で興した会社であった。

その頃から霊能者・拝み屋的な人間を相談役として重用していた。

ところが、二代目か三代目辺りで霊能者が変わったらしい。

海外から呼び寄せた呪術師で、風水に長けていた。

国外の一部地域では、会社が風水などを頼ることはポピュラーである。

時にはライバル会社に対する呪詛も請け負う呪術師も利用する。

ライバルを蹴落とし、自社の繁栄を願うのだ。

「それをやっているんだぞ、あの会社」

余りに突拍子もない会話内容に失笑が漏れる。しかし先輩は譲らない。

「他にもこんなのを聞いた」

田辺さんがいた会社に雇われた呪術師は、ある提案をした。

〈同業他社への攻撃、及び活力の搾取の呪術〉

当時の会長と社長は二つ返事で了承した。

そしてここ数年、新社長が就任してからは更に新しい呪術を加えた。

〈社員全員の生命力と運気を吸い上げて、会社へ還元させる〉

払った給料以上の見返りを社員に課す呪術だ。

この呪で社員の心が壊れたり、病気になったり、死んだりする可能性がある。が、それでも良しと、会長と社長はゴーサインを出した。

ただし、会長の親族になる社員だけはそこから除外、逆に他の社員連中の生命力や運気を流し込む形にさせた。

ここまで行くと眉唾だが、と先輩は自嘲を浮かべる。が、すぐに真剣な面持ちになった。

「でも……何か心当たりないか？」

先輩の言葉に、田辺さんは上手く答えられない。

記憶と思考の整理をする内、あることを思い出した。

槇が異例の昇進をする一年前のことだ。

その頃から業績が上昇を始めた。

同時に社員にトラブルが増えたような気がする。

対する会長や社長の親族に病気や怪我はなかった。

考えてみれば、あの槇を抜擢した部長もその一族の人間と結婚している。

思い出したことを先輩に伝えると、彼の顔から血の気が引いた。

「マジかよ……辻褄、合っちまった」

先輩は苦々しく吐き棄てた。

辞めて良かったと田辺さんが改めて思ったことは、言うまでもない。

ところが先輩の話を聞いた翌週だった。

田辺さんの父方祖父母が揃って倒れ、急死。

葬儀が終わってから四十九日が過ぎた辺りで、今度は父母が事故に遭い、不帰の旅路へ出かけてしまった。

残っているのは母方の祖母だけだ。

各種整理を終え、日常に戻った後、田辺さんは夢を見るようになった。

数日に一度、或いは数週間に一度、同じ内容の夢だ。

赤黒い洞窟を下る。奥の方に一段下がった穴がある。

穴を覗き込むと、近年亡くなった祖父母や父母が苦しげに泣き叫んでいた。

助けるために手を伸ばすが、どうしても届かない。

そのうち、穴の奥から黒い長衣を着た人間が何人か出てくる。

筒のような黒い帽子を被っていた。顔の前に白い布が垂らされ、表情は見えない。

黒い帽子の人間は次々に彼の親族を捕まえると縛り上げ、それぞれを柱のようなものに括り付けてぶら下げる。

そして、切れ味の鈍そうな包丁を手にし、つま先から順に上へ向け肉を削ぎ出す。
祖父母が、父母が獣のように叫んだ。
脹ら脛、太股、尻、性器、腰、横腹……骨が見えるまで肉は削がれる。
胸に達する頃には、全員が静かになっている。
どうすることもできない田辺さんはただ泣くしかない。
その内、穴の奥からもう一人誰かが這い出てきた。
槇だった。
彼は田辺さんに躙《にじ》り寄り、首を絞める。
途中、憎々しげな表情で幾度も何かを囁く。しかし何を言っているか分からない。

そこで目が覚める。
溢れる涙の最中、急激な吐き気が襲ってくる。
慌てて洗面台へ行き吐瀉するが、嘔吐物から下水や糞のような臭いが上がってきた。
田辺さんは、三十半ばになった。

今も先輩の会社で中堅として働いており、課長という役職が付いた。
結婚はしていない。恋人もいない。
最近、人間ドックで腹腔内に病巣が見つかった。
あの夢は更に鮮明さを増している。
今は、槇に引っ張られ、穴に落ちかけるところで目が覚めるようになった。

元いた件の会社は、現在外資が短期間に乗っ取りを果たした。
会長の親族は一家離散し、殆どが行方知れずとなった。

半端もの

「塩呪い《まじな》」という、まじないがある。

やり方はシンプルだ。紙に困っていることを書き、塩を入れて包む。そしてその包んだ紙をそのまま流すなり、燃やすなりして終わりである。注意点は「願いごと」ではなく「困っていること」を書く等で、特にそれほど手の込んだ準備が必要なものではない。

Nさんは当時、会社の上司Y部長と反りが合わずに精神的にも参っていた。そんな時にこのまじないを知り、その手軽さから実際に行ってみたという。

台所に行き、キッチンペーパーを適当に引き千切る。

しばらく考えてから、そこに「Yさんが今の立場にふんぞり返り、社会的に制裁を受けていない」と書き込んだ。その上にパラパラと塩を塗《まぶ》し、後は流すか燃やすだけとなった。

想像以上に簡単だった。

故に物足りず、もっとYさんを困らせてやる文章を練り直そうとした時、スマホが鳴った。友人からの電話だった。出ると、お土産を渡しに家のすぐ近くまで来ていると伝えられ、Nさんは作業を中断して外に出た。

そうして一時間ほどして帰ってくると、食卓の上に置いていた塩呪いのセットが無い。代わりにあるのは母の「おかえり」という言葉と夕飯だった。

「ここに置いてあった紙は?」

ギョッとして尋ねると、「邪魔だから捨てたわ」と想定外の答えが母から返された。Nさんは反論しようとしたが、「さっさと食べなさい!」と逆に怒られ、渋々と箸を進めた。

食後、やり直しとなったまじないに少しうんざりしながら、またキッチンペーパーを取りに台所へ向かう。すると、流しの横のゴミ箱にさっき書いていたまじないの紙が捨てられていたのが見えた。

（そういえば、なんて書いたっけ……）

確認のため、紙を拾い上げた時、Nさんは違和感に気付いて、思わず叫んだ。

「お母さん！　紙に包んであった塩は⁉」

慌てるNさんとは対照的に、Nさんの母親は平然とこう答えたらしい。

「勿体ないから、さっきの料理に使ったよ」と。

それから数か月後、Yさんはセクハラやパワハラの問題指摘を受け、会社を依願退職した。

Nさんの願いは叶ったが、何故かその告発を主導したのはNさんということになっていた。それからというもの自宅や携帯に非通知の無言電話が来たり、帰り道に謎の視線を感じることが続いているという。

状況証拠

遠山さんから聞いた話。

現在も進行中ということで、場所の特定に繋がるような情報は書かない約束だ。

話は五年前に遡る。当時、遠山さんは派遣社員として工場に勤務していた。

人付き合いが苦手な遠山さんにとって、誰とも話さなくて済む工場勤務は理想的な職場である。

とはいえ半年も経てば、何となく会話を交わす相手ができる。それが伊庭だった。

遠山さんと同じ派遣会社の社員だ。遠山さんより二か月早く働き始めている。

伊庭は真面目一方の堅物で、恋愛とは無縁の女性に見えた。

そんな伊庭が、怪しげなホテルから出てくる現場を目撃された。相手の男性は直属の上司、しかも既婚者である。

噂を耳にした遠山さんがそれとなく訊くと、伊庭はあっさり白状した。

「奥さんとは別れてくれるから大丈夫」

目撃されて開き直ったのか、伊庭は関係を隠さなくなり、それに連れて目に余る行為が増えていった。当然のことながら、会社が黙って見過ごすわけがない。

相手の男は地方支店への転勤を命じられた。一応、肩書としては支店長となっているが、誰が見ても降格である。

どこかのお節介が男の妻に密告したおかげで、家庭内にも居場所がなくなり、男は単身赴任となった。

伊庭の方は派遣先を変更され、工場には行けなくなった。次の派遣先も決まらず、自宅待機のままである。

要するに見せしめだ。そのうち伊庭が自ら退職願を出し、とりあえず事態は収束に向かった。

当時、遠山さんも派遣会社の本部で特別研修を受けた。研修途中、講師は最低最悪の例として伊庭を名指しで挙げ、嘲笑したという。

それからほどなくして、工場の周辺で伊庭の姿が見られるようになった。

最初に目撃した時、遠山さんはその女性が伊庭だと分からなかったそうだ。どことなく薄汚れた服装で、かなり痩せており、化粧もしていない。長かった髪は短く刈り込まれていたが、自分で切ったのが丸分かりの状態だったという。

工場に勤務していた頃の伊庭は、地味ではあるがきちんとした身なりで、好感が持てる姿だった。久しぶりに見た伊庭は、その頃とあまりにも違う。

声をかけるのを躊躇しているうち、伊庭はふらふらと立ち去っていった。

その日を境として、伊庭は頻繁に現れるようになった。工場に向かって立ち、凄まじい形相で睨みつけている。

薄気味の悪い姿だが、工場側には打つ手がない。派遣会社も辞めている以上、相手は敷地外に立つ一般人である。

不審者として通報するのは可能だが、下手に刺激して辞めた理由を公にされると不味いことになる。結局、工場は無視を決め込んだ。

伊庭が現れて二週間ほど経った頃、おかしな噂が囁かれ始めた。

伊庭が呪いをかけているというのだ。言い出したのは、伊庭がいた部署の東野という男性社員。

他人の不幸や失敗が大好物と公言する人間であり、伊庭のことも面白おかしく話題にしていた。

東野は、誰彼構わず相談を持ちかけていた。

「毎晩毎晩、あの女が夢に出てくる。何か呟いてるんだが、何を言ってるか分からない。寝るのが怖くて仕方ない」

それほど気に病むのなら直接対決すれば良いのだが、伊庭は珍しく何日も姿を見せていない。

すっかり焦燥しきった東野は、就業中に居眠りするようになった。上司が何度注意しても改善しないため、強制的に有給休暇を取らされた。

休暇が明けても、東野は出勤してこなかった。心配した同僚が様子を見に行くと、家にはいるようだ。

事情を説明して管理会社に鍵をあけてもらい、室内を調べる。やはり、東野はいた。椅子に座ったまま、微動だにしない。

見ると、体中に御札を貼っている。椅子を囲むように床に白い円が描かれている。どうやら塩を盛って描いたようだ。

同僚が声をかけると、東野は顔を伏せたまま答えた。

「あいつが何を言ってるか分かった。だから俺はここから出られん」

大声で喚く東野の勢いに圧され、同僚は部屋を後にした。あまりにも衝撃的な出来事であったため、同僚はことあるごとに吹聴して回った。

しかしながら、その後の東野の状態は分からない。極秘事項とされ、知っているのは工場の一部の役員だけらしい。

だが、大体の想像はついた。同じような状態に陥る社員が続いたからだ。

順序としては、まず伊庭が夢に出てくる。眠れなくなり、工場を欠勤したが最後、姿を見せなくなる。そういった社員が何人も出てきた。

全員に共通している点は唯一つ、伊庭を笑ったということ。それは工場内だけではなかった。

特別研修で伊庭を名指しで嘲笑した講師も対象であった。

そこまでのことが起きているのだが、伊庭の呪いだと断言はできない。揃っているのは状況証拠だけだ。今現在の法律では打つ手がない。

幸い、遠山さんにとっては対岸の火事であるが、念のために派遣先を変えてもらった。

五年経った今でも噂は流れてくる。次のターゲットは誰になるか、選択基準が分からないまま無駄に時が過ぎている。

半年に一人の時もあれば、一か月で二人という時もある。

いずれにせよ、伊庭は最後の最後までやり抜くと決めているようだ。

呪います

山田さんの趣味は一人で山の中を散策することだった。

朝早くから家を出て林道を走り、適当な地点で車を停めると、そこからは徒歩で獣道に分け入っていく。

いつも大きな音で音楽を聴きながら歩いているせいか、それまでに熊や猪といった危険な動物にばったりと出くわすこともなかったという。

しかし、ある時彼は熊や猪よりも危険なモノを見つけてしまう。

それは本当に偶然の出来事だった。

少し歩き疲れた彼は、目の前の大きな石の上に腰を下ろし水筒の水を飲んで喉を潤した。

すると、ふと目の前にわずかばかりの荷物と綺麗に揃えて置かれた女性ものの靴を発見した。

その靴はとても山歩きで使えるような物ではなく、普通に街中を歩くのに使われるパンプスに近いものだった。

なんで、こんな靴がこんなところに？

彼は不思議そうに辺りを見回した。

しかし、視界には何も映らず延々と森が続いているだけ。

そこで彼は何となく視界を上方へと移動させた。

するとかなり高い所に何かがぶら下がっている。

ただ彼にはそれが何なのか、すぐには理解できなかった。

立ち上がった彼はその場から少し移動してもう一度それを確認したという。

ようやくそれが何なのかを理解した時、彼はその場で固まってしまった。

どうやってそんなに高い場所まで登ったのか？

今となってはそれも疑問だという。

そこには大きなクヌギの木の太い枝から一人の女性らしき物体がぶら下がっていた。

女性だと思ったのは着ている服装のせいだった。

実際、服を着ていなければとても性別など判断できる状態ではなかった。

見てはいけない――。

そう思いながらも彼はどうしてもソレから視線を逸らすことができなかった。

高い場所から首を吊った女は首が不自然なほど伸び切っており、壊れたあやつり人形を連想させた。

黒く変色した女の顔が、彼にはじっとその女が睨みつけているように見えて仕方なかった。

彼はハッと我に返り後ずさりするようにゆっくりとその場から離れ、目印になる二股に分かれた大きな木の下へと移動して警察へと連絡を入れた。

山の中を歩いていて自殺体を発見した、と。

警察が来るまでの時間がとても長く感じられた。

彼にとって自殺体など見るのは初めてのことだった。

そして、先ほどの女の顔が脳裏に焼き付いてしまい、今にもあの自殺体がこちらへふらふらと歩いてくるのではないか、と思ってしまったという。

結局、二時間ほどでようやく警察が到着した。

しかし、それからが大変だった。

自殺体と彼との関係がないか、根掘り葉掘り質問されたのだという。

勿論、彼には心当たりなどなかったが、警察にしてみれば、偶然にそんな山の中で自殺体を発見してしまったのだから疑うのも当然のことのように感じられたという。

結局、彼はしばらく質問された後、その場から解放されたが、どうやらその時にはまだ完全に疑いが晴れた訳ではなかったらしい、後日警察から呼ばれて出頭する羽目になり、その際、こんな説明をされた。

亡くなっていた女性は三十代後半の独身女性。

置かれていた荷物に身元を特定できる物が何も入っていなかったため、特定に時間が掛かってしまったということ。

そして、彼との接点は何もなく、死因は首を吊ったことによる窒息死であったこと。

だから、一時的とはいえ彼を疑ったことは謝罪してもらえたが、その後、見たくもないものを見せられた。

それは遺書というにはあまりにも不気味な内容の書きつけだった。

「私を見つけた者を呪います」

そんな文だった。

彼としてはそんなもの見たくもなかったが、警察はある種の警告のつもりだったのだろう。

山の中を歩くのもほどほどにしておかないと、こんなものまで見つけてしまうんだぞ、と。

しかし、その警察官の軽率な行動は彼にトラウマを植え付けてしまうことになる。

別に探したくて見つけた訳ではなかったし、彼にしてみれば折角の趣味の時間が台なしになった出来事だった。

しかも、その遺書の内容が常に頭から離れなくなってしまった。

俺は呪われてしまったんじゃないのか？

友人たちに話してみても、そんなの気のせいだよ！　と笑ってくれたが、あの時、あの女の顔を見てしまった彼にとって「呪います」という言葉はとても気のせいで済ませられるものではなかった。

そして、実際に彼はそれから幾つかの怪異を体験することになった。

まず夢を見た……。

夢の中で見知らぬ女が今にも首を吊ろうとしている場面が映し出され、それを止めようとした瞬間、いつも彼が自分の首に縄をかけて、木の枝にぶら下がっているのだという。

また、頻繁に不可思議な音を聞くようになった。

仕事中、帰宅途中、部屋にいる時、何処からかコツコツ……とヒールのある靴で歩くような音が聞こえた。

また夜中に目が覚めるとギシギシとロープが何かに擦れるような音が聞こえた。

恐ろしくなった彼は幾つもの寺を回って相談し、三日間にも及ぶ除霊を行った。

確かに足音やロープの音は聞こえなくなったそうだが、その代わり、自分でも気付かないうちに山の中を彷徨《さまよ》うようになった。

ロープを持って太い枝がある木を探している自分に気付くのだという。

そんな彼は一度部屋の中で自殺未遂をしているそうだ。

勿論、首吊りによる自殺未遂を……。

「僕はもう駄目かもしれません……」

そう話す彼の顔にははっきりと死相が浮かび上がっているように見えた。

はねかえる

Sさんの小学校の近くには、打ち捨てられた一軒の空き家があった。

かつては神社の門前町だった古い通りだから、空き家の一つや二つは珍しくはなかったが、その家はひときわ古びておどろおどろしく、いかにも「出そう」な雰囲気があった。

その家に「呪いの鏡」があるのだとSさんに話してくれたのは、上に兄弟のいる友人だった。

去年のことだ。上級生が二人、同じ日に、別々の場所で、車にはねられたことがあっただろう、あれが「鏡」のせいだったらしい——と。

事故のことはSさんも覚えていた。とんだ偶然もあったものだと母親がしきりに話題にして、Sさんにも口やかましく注意したからだ。あれは鬱陶しかった。

そんなふうに身近な「不思議なこと」を例に持ち出されると、説得力があった。しかもあの家はもともと曰くがある。

由緒ある商家だったのだけれど、相続のときにばたばたと人が死んで、誰もいなくなってしまったのだそうだ。

そんな謂《いわ》れは知っていたから、呪いの話を聞いてもSさんはさほど唐突には感じなかった。

いいことを聞いた、とさえ思ったという。

だから、力で敵わない上級生に負けて、恨めしく思ったとき、Sさんは「鏡」を試す絶好の機会だと考えた。壊れた戸を乗り越え、空き家に踏み入り、洗面所でも寝室でもなく居間に掛けられていた鏡に向かって拝んだ。

そして、しっかりとお願いしたのだという。

あの上級生が、たとえば猫に引っ掻かれますように。あるいは高いところから落ちて、痛い思いをしますように。

Sさんが自宅の二階から落ちたのは、その翌日のことだった。

ベランダに現れた猫に引っ掻かれて、飛びのいたときには、身体が柵を乗り越えていた。あとのことは覚えていない。気付けばSさんは病院にいて、ベッドの脇では母親が泣いていた。

幸い、後遺症の残るような怪我はなかった。

数日の入院のあと久しぶりに登校すると、Sさんはたちまち取り囲まれて、質問攻めにされた。

Sさんが落ちたのと同じ日に、上級生にも「落ちて怪我」をした生徒が一人いたのだという。不思議だ、と友人たちは騒いだけれど、Sさんにとっては理由は明らかだった。

後年、Sさんは、これがあの商家の墓だ――と伝わる墓石を見る機会があった。家と同じく古びてはいたが、裏面に刻まれた名前と没年月日はじゅうぶんに読むことができた。

ずらずらと連なった故人たちの多くは、まるで仲良く、お揃いの命日を持っていたという。

呪いの家

本州の西側にある町。
人口は少ないが、まだ子供らも多い。
この町に住む志賀木さんが、懐かしそうな顔で教えてくれた話がある。

今から十数年ほど前。
平成の市町村大合併で周辺地域の町の名前が変わった辺りだ。
南西の町外れに、数軒の家が並んだ場所があった。
全て木造平屋建てで、昭和初期から中期のものだ。
全てが空き家で誰も住んでおらず、朽ちるに任せていた。
取り壊すにも金が掛かる上、土地や建物の所有者も不明なのでどうしようもない。

この立ち並ぶ家の中に、一つだけおかしな建屋が存在していた。

空き家の隙間を縫うように這入り込んだ先、中央部にそれはあった。

木造平屋建てという部分は変わらないが、出入口や窓が外から封じられているのだ。

分厚い板を太い釘で念入りに打ち付けてある。

異様な風体のその家は、知る人々から〈呪いの家〉だと噂された。

〈呪いの家は、父親の手によって家族が惨殺された家であり、今も広範囲に血痕が残っている。中を覗くと今も血まみれの母親と幼い兄妹がのたうち回る姿が朧気に浮かぶ〉

〈だから、外から覗けないように、家族が内側から出てこられないように封じている〉

ありがちだが、もっともらしい理由付けがされていた。

また他には〈板の一部を剥がして中を見た。そこは家の中心部で居間のような雰囲気だった。その真ん中に粗末な祭壇があり、白い骨壺のようなものが置いてあった。多分あれは惨殺された家族の遺骨が入っている。逃げた父親が毎年命日に来ては拝んでいるのだ〉という噂も囁かれていた。

実際には父親が家族を殺した事件などないので、どれもオカルトや心霊スポット好きが流した戯《ざ》れ言なのだろう。

志賀木さんもこの空き家へ何度か肝試しに行ったことがある。

最初は中学生に上がった辺り、昼間だったと思う。

ただの噂だと知りつつも、独特の雰囲気に鳥肌が立った。

剥がしてやろうと打ち付けられた板に手を掛けたこともあったが、何となく気持ちが悪くなり、途中でやめるのが常だった。


志賀木さんが高校生の頃だった。

秋晴れの日、彼は友人たちと〈呪いの家〉へやってきていた。

周辺を歩いているとき、友人の一人が声を上げる。

「なんか、囲んでね？」

囲んでいるとは何のことだと訊き返す。

「呪いの家を中心に、他の空き家がぐるりと狙って配置されているように思う」

そう友人は首を捻っている。それは当然だ。そういう配置で建っているのだから。見れば分かる、当たり前だろうと答えれば、そういう話ではないと必死だ。

「ほら、どの家も、呪いの家に背を向けている」

背という表現に、改めて周りを確かめた。

呪いの家の玄関、勝手口、窓がある方向にそれぞれ家が建っている。

その空き家のどれも、呪いの家側に窓や出入口が全くなかった。

一般的な家屋の造りではあまりない構造だろう。

確かに、全部の家が呪いの家に背を向けていると感じられないこともなかった。

否。家屋の配置そのものに不自然さがある。歪で無計画と言うべきか。

皆で話し合った。

「呪いの家を見ないように、とかそういうやつかも」

「ちょっとした発見じゃねぇの、これ？」

皆で興奮している中、誰かが漏らす。

「これって呪いの家が建った後に、こうやって建築したか、リフォームしたってこと？」

もし前者なら好き好んで建てる理由が分からないし、後者なら引っ越した方が早いのではないか。そんな疑問だった。

確かにそうだ。志賀木さん一同は更に議論にふけったが、決着は付かなかった。

新たな発見の後に、もう一つ分かったことがあった。

呪いの家に、時々修復が入っているのだ。

打ち付けられた板が新しくなっていたり、落ちた瓦が新品に差し替えられたりしていた。また、物見遊山で来た連中が壊したとおぼしき部分も、次に行くと直っていた。

町の人間がやっているとは思えず、然りとて外部から来た誰かが修繕をしているのならすぐに分かる。余所者は目立つからすぐに住民の口の端に上るのだ。

事実、窓に打ち付けられた新しい板を志賀木さんは何度か見ている。

その度に周囲に酒の香りが薄く漂っていた。更に、近隣では見ないような銘柄の小さな瓶が空のまま置いてあることもあった。海外の酒のようだった。

これらの意味は、分からなかった。


高校三年の時だったか。

同級生が携帯の画面を見せてきた。

「これ、呪いの家の中だってよ」

薄暗い室内の画像だった。

噂のような朧気な母子の姿も、祭壇もない。

あるのは、グチャグチャに踏み荒らされたような柄物の敷物と、その中央に転がった民芸調の訳の分からない置物だけだ。他には家具もなければ、血の跡すら残っていない。

敷物と置物は、どちらもアジア風の雰囲気だ。

置物は四角錐の形状で、細かい細工が施されているように見える。

どことなく儀式の現場めいて見えた。

ただ、外から写したような雰囲気がない。家の中に踏み込まないと、こうは写らないような気がした。

同級生が撮ったのか訊けば、違うと首を振る。

「ほら、英語の」

撮影者は今年来たばかりの新米英語教師だった。

彼は常々オカルト批判をしていた人物だ。生徒たちが噂している呪いの家に単独出向き、板を外して中に踏み込んで撮影してきたらしい。それを数名の生徒へ転送していた。

〈呪いの家なんかない。単なる噂だ。現に、中に入って写真を撮ったが、僕には何も起こらないじゃないか〉そう、嘯《うそぶ》きながら。

ただ、間もなくして、この英語教師は学校を辞めた。
授業中、頭が痛いと言って倒れてから、復帰ができなかったのだ。
〈アイツ、呪いの家は、本当に崇るんだ。呪うんだ〉
教師の噂はあっという間に広まり、呪いの家に入ろうとするものは殆どいなくなった。
写真騒動の後、志賀木さんは友人と二人で呪いの家に足を運んだことがある。
窓に真新しい板が打ち付けられていた。
その下に、小さな果物ナイフが剥き身で落ちていた。
ステンレスではないのか錆びた刀身だった。

現在、呪いの家と周辺の家は全てなくなっている。
二〇一六年四月初旬に呪いの家ともう一軒が倒壊。
残りもいつしか解体されて更地になった。
呪いの家と他の一軒が潰れた時、志賀木さんと友人数名で見物に出かけている。
倒れた空き家の向こうに呪いの家の残骸があった。

志賀木さんは二つの家が、一方向へ向いて倒れているような気がした。

呪いの家から何かがものすごい勢いで飛び出して、進行方向にある空き家を巻き込みながら潰して進んでいった。そんな印象を抱いたのだ。

友人に話せば、彼らも「そう見えるなぁ」と頷いている。

振り返ると見慣れた稜線がある。

あっちは九州の方だなぁ、熊本県だな、と何となく思ったことを覚えている。

呪いの家の近くに行くと、家具の類いは何一つ落ちていなかった。

あの画像にあった敷物も、置物も、何もなかった。

椅子

「当時は本当に怖かったんだ。ウチの家族を変だと思わないでくれよな」
同僚のSはそんな断りを入れながら、しぶしぶ子供の頃の思い出を語ってくれた。

ある住宅地の片すみに建ちならんでいた、赤いブリキ屋根の小ぶりな貸家。小学生の頃、Sの家族はそこを借りて住んでいた。両親との三人暮らしで、父親は工場勤め、母親は近所のスーパーでレジ打ちをしていた。どの家も似たような境遇だったので、近所同士とても仲がよかった。

ただ一軒だけ、Sの左隣の家だけは様子が違っていた。昼も雨戸を閉めきっていて、夜も殆ど明かりがつかない。四、五年そこに住んでいたSも、その家の住人を見かけたのは二、三度だった。白髪まじりの長い髪を、うしろで一本の三つ編みにまとめている老婆だった。しわしわの顔に埋もれた細い目の陰気な無表情。Sはなんだか怖くなって、挨拶もできなかったそうだ。

老婆の存在は近所から疎《うと》まれていた。

夜中になると野犬や野良猫にエサをやっていたらしいのだ。そのせいで、いつも何匹もの犬猫が町をうろつくようになっていた。このまま放ってはおけない。近所を代表して、Sの父親が老婆を注意しに行くことになった。

話し合いは上手くいかなかったようだ。

「あのババア、俺の顔にツバ引っかけやがった。覚えてろ」

父親は家に戻るなり、怒りにまかせて保健所に電話をかけていた。

犬猫の姿が町から消えた。

その後、老婆の家の前に一脚の椅子が置かれた。ピアノを弾くときに座るような、四角張った黒い椅子だった。いかにも素人の手作りふうで、どこか奇妙に歪んで見える。最初は不気味な感じもしたが、やがて誰も気にとめなくなった。


春のある日、椅子の左脚が切断されていた。

夏のある日、背もたれにアシナガバチが巣を作っていた。

秋のある日、台風が吹き荒れるなか、椅子は雨ざらしになっていた。


奇怪な符合に気付いたのは母親だった。

「変だと思わない？」

夕食の手をとめ、首をひねっている。

そういえばそうだ。家族は三人で顔を見合わせた。


春にサッカーの試合中、Sが左足を骨折していた。

夏には父親が、庭で首筋をハチに刺されて、病院に搬送されていた。

秋にはSの家だけが、台風で屋根を吹き飛ばされ、家中、水浸しになっていた。

冬のある日、椅子は庭先で丸焼けになった。

Sの家族は慌ててその家を引っ越した。


ただの偶然かもしれない。

「でも当時は本当に怖かったんだ」

Sは不快そうに顔を歪めた。

巧妙

山崎かなえさんという人物がいる。
三十代の頃、一度取材をさせて頂いたことがある。
その彼女が四十の声を聞いた後、別件で顔を合わせた。
近況報告の最中、何か別のことを話したそうな顔を浮かべたので水を向けた。
これから記録するのは、山崎さんが語った話である。

◆

山崎さんの実家は元々神戸にあった。

親は会社を経営しており、比較的羽振りは良かったと思う。

ところが彼女が小学生の頃に経営が破綻。逃げるように神戸を出た。

親戚を頼って辿り着いたのは和歌山県で、その後も転居を続けた。

山崎さんが高校生になる辺りだったか。

両親が会社を興した。

時流に乗ったのか、経営は上手くいき、短期間に沢山の金が入ってくるようになった。

おかげで彼女は大学に進むことができたのである。

大学卒業後は東京で就職をした。

二十代後半で結婚。一度はお腹に子供を宿したが死産し、これがきっかけで離婚になった。その後、三十代頭でネット活用の副業を始め、曰く〈それなりに〉暮らせるようになったという。


数年前、山崎さんはある用事のために実家を訪ねた。

年単位の無沙汰であった。

関東から離れた地域なので、足が遠のいていたのだ。

両親と雑談を交わしていると、母親がこんなことを口にした。

「和歌山に住んでいる、遠い親戚が死んだ」

祖父の兄弟の子が生んだ息子の妻だから、血のつながりはない。

山崎さんより五歳ほど下でまだ若い。

死因を訊ねると、母親は眉根を寄せた。

自死だった。

ただし、状況がおかしく、一時期は警察も他殺の線を疑ったらしい。

ところが死んだ人は精神科に通院していたことが判明し、突発的な自殺であった、とされたようだ。心が弱まっていたせいか、時々〈お化けがいる〉と騒いでいたようだ。

そこまで行き来があるわけもなく、殆ど他人であったが、やはり人の死は辛い。

心の中で冥福を祈った。

その後、当所の目的について、両親と話し合いを始めた。

数年の内に本業を辞し、この家に戻ってくる相談だ。

仕事を新たに見つけ、副業とともに軌道に乗ったら改めて家を出る、そんな話である。

両親は自分たちの会社へ入れば良いと言ってくれるが、甘えるわけにはいかない。

相談の結果、実家住まいは了承され、大体のロードマップを決めた。

以降、山崎さんは以前より実家と連絡を取ることが増えた。

電話やメールが主だったが、長期休みの時は新幹線に乗って両親を訪ねる。

時には両親が東京へ来て、数泊して帰ることもあった。

死産と離婚で躓いたと思っていたが、順風満帆な日々になった——はずだった。


その日も、山崎さんは母親と電話をしていた。

近々実家を訪ねるという連絡だった。

会話の途中、母親が何かを思い出したような声を上げる。

『あ。そういえばまたね……』

今度は母方の親戚が車の事故で亡くなったという話だった。

母親の従姉妹で、遺体の損傷はかなり酷かった。従姉妹の夫や子供、親たちですら本人と確かめるのに時間が掛かったほどだ。

事故の状況は不運としか言いようがない。

母親の従姉妹が夫の実家である土建会社を訪れたとき、重機を積んだトラックが動き出した。よそ見をしていたのか無抵抗で巻き込まれ、そのまま轢き潰された。

トラックはサイドブレーキが引かれておらず、更にシフトがニュートラルであった。タイヤに嵌めた輪留めも外れていた、らしい。

重なり合った偶然がこの不慮の事故を起こしたとしか思えなかった。


ところがこれ以後も親族の死や重い病の報告が続いた。

〈仕事中に倒れてそのまま搬送先で死が確認された〉

〈業務の合間、フォークリフトで運んでいるパレットの山が崩れ下敷きになり圧死〉

〈事務仕事の途中、階段を踏み外して脳挫傷を起こし数日後に息を引き取った〉

〈自宅で庭仕事をしている際、ブロック塀が崩壊し頭を潰された〉

病気の場合、内臓系の他、頭部に疾患を抱えた人間も多かった。

ここまで不幸が続くのは異様だと、山崎さんは眉根を寄せる。

彼女の両親も全く同じ気持ちであった。

山崎さんが東京の仕事を辞めるまで一年を切ったくらいだったか。

親族の死や病気の話を聞かなくなった。

代わりに、ではないが父母の体調不良が始まった。

父親は酷い偏頭痛と目眩、視力低下を訴える。

母親は臑の骨を折り松葉杖生活をしていたが、転んでしまい顔面を強打。以降、頭痛と視力低下、不意の吐き気に見舞われるようになった。

どう考えても頭部に問題を抱えたとしか思えない。

父母を病院へ連れていったが、怪我以外は原因不明だと診断された。

複数の病院で検査してもらったがやはり結果は同じだった。


それから半年後だったか。

父母から鳥取県にある父方の墓へ連れていってほしい、と連絡があった。

墓所を今住んでいる場所の近くに移すのだ。

山崎さんが実家へ戻ってくるのだからこれを機に、と両親は考えていた。

『手続きを進めておくから、当日は現地で魂抜きをしてもらい、骨壷を持って帰りたい』

その方がスムーズであるのは明白だろう。

ただ、最寄り駅からかなり距離がある。公共機関を使いたいが、複数の骨壺を運ばないといけない。それを考えるとレンタカーがベターだ。しかし視力に不安を抱えているので、運転をお願いできないかということだった。

彼女は快諾したが、鳥取に父方の墓があるとは初耳である。

ペーパードライバーだから、できれば路面凍結などしない時季のスケジュールを切った。


初めて訪れた鳥取県は素晴らしい場所だった。

不慣れな運転だから景色を楽しむ余裕はなかったが、それでも自然が輝いて見えた。

両親もつかの間の旅行気分を楽しんでいるようだ。

レンタカーのナビが指し示すとおり進むと、古刹が姿を現す。

事前に連絡を入れておいたおかげで、年老いた住職とスムーズに話が付いた。

魂抜きを行ってもらい、墓を開ける。

父親が声を上げた。

「これ、何処の誰のだ？」

曽祖父母、祖父母、夭折した姉以外の骨壺が出てくる。

墓石に刻まれた名前の数とも合わない。

かなり古びた壺であるが、名前がないので出自不明だ。

父親の記憶にもない。誰かが間違えて納めたのかとも考えたが、基本的に納骨には住職ら僧侶が立ち会うのでそれも難しい。

誰かが密かに行えないことはないのだろうが、錠前がこじ開けられた痕跡もない。

結局、謎の骨壺は住職にお任せすることになった。

寺を出て少し走ったとき、山崎さんは車の調子が悪いことに気付いた。

アクセルを踏んでもタイヤが空回りしているような感覚に陥る。

エンジン音と進む力が釣り合っていない。そんな感じだ。チェックをしても問題のある操作や運転をしていない。

路肩に停めて外から確認しても何も原因が見つからなかった。

念のためエンジンルームを開けてみたが、素人に分かるはずはない。一応その流れでトランクも調べて見た。

山崎さんは思わず声を上げた。

降りてきた両親も目を丸くする。

骨壺の数が増えていた。

あの、誰の物か分からない骨壺が紛れ込んでいるのだ。

持ち帰る骨壺を乗せる際、割れたり倒れたりしないように何度も確認していたから、こんな物が乗っていれば見落とすはずがない。

慌てて寺へとって返し、住職に事情を話す。

住職も驚いた顔を浮かべ、改めて問題の骨壺を手に取った。

「ここで私が手に持っておくから、そのまま帰りなさい」

住職の言葉に従い、山崎さん一家はレンタカーを発進させる。

今度は車の調子が悪くなることも、他の骨壺が乗ることもなく、帰り着くことができた。

骨壺は実家に安置し、後に新しく建てたお墓へ納められた。

ほっとした後、父親が鳥取県の住職にお礼を兼ねた電話を掛けた。

ところが誰も出ない。

日を置いて掛け直すと、若い声の男性が出た。

住職が亡くなったことをそこで聞かされた。

時期は骨壺を受け取りに行ってから少し経った後だった。

山崎さんが実家へ戻るまで二か月を切った。
地元の友人知人の紹介で就職先も決まる。
後は東京で引き継ぎを終えた後に有休を消化するだけだった。
とはいえ後釜の社員の指導は思ったより大変で、予想より忙しい毎日を送っていた。
疲れ切り自宅へ戻ったとき、携帯が鳴った。就職で協力してもらった友人からだ。
新しい就職先の社長宅が火事になった、そんな報告だった。
この火事で社長及びその子息、孫が死亡。会社の経営に関して混乱が起こった。
採用そのものは取り消されなかったが、不安しかない。
有休消化に入ってから引っ越しの準備を始めたものの、手に付かない。
心配する父母や地元の友人たちからの連絡で落ち着きを取り戻せた。
そして引っ越しを終え、彼女は地元に戻った。

案ずるより産むが易し。
転職後は思ったよりもスムーズだった。

人間関係も悪くなく、仕事もやりがいがある。

経営陣は外資系になっていたが、特に問題はないようだった。

落ち着いた後、山崎さんは副業も再開した。実家を出て新たな部屋を借りるのも時間の問題だろうと思っていた。

ところが、新たな問題が発覚した。

山崎家の新しい墓が荒らされ始めたのだ。

最初は墓石の表面が泥に汚される程度のことから始まった。へばり付いていた泥は小さな手形と大きな手形だったので、親子のたわいもない悪戯だろうと油断していた。

しかし、内容が次第にエスカレートしていく。

悪臭を放つ泥、ヘドロのようなものが墓の周囲に撒かれている。

花立ての花は無造作に棄てられ、香炉に小石が積んであった。

また竿石の表面に文字が書かれていた。墨や絵の具ではなく、水に溶いた泥か何かであるようだが、文字そのものが判別できない。見えないわけではなく、辞書やネットで調べても分からない漢字や文様、記号のようなものだったからだ。

山崎さんも彼女の父母も憤った。

霊園には駐車場や墓地内に防犯カメラがあるので、犯人はすぐに捕まるはずだと思っていた。が、怪しい人物は誰も映っていないようだ。

カメラの死角を熟知して行われているのなら、悪質すぎる犯罪だ。

対策も立てられぬまま、気がつくと墓が穢されている。何度も何度もその繰り返しだった。

寝ずの番に踏み切るか、そんな話が出た最中、突然悪戯は止んだ。

結果、犯人は確定できず、終わってしまった。

——のだがこの時期、父方の親族が一人突然死している。

家族が出かけた後、リビングで急死していたのが発見されたのだ。

死因は不明のまま荼毘に付された。


その後、山崎さんが仲が良い数名と食事をしていたときだった。

会話内容が不思議な話や怖い話になった。きっかけは覚えていない。

ふと思い出し、和歌山県の遠い親族の死から始まる一連の不可思議な出来事を語ってみた。ほんの軽い気持ちだった。単に重なった偶然程度の話だという認識だったのだ。

場は騒然となった。悲鳴を上げる者もいた。

何故こんなことで皆は騒ぐのか疑問しか浮かばない。

周りの人間が噛み砕くように説明してくれたことで、ようやく自身が見聞きしてきたことが異様なことだったのだと自覚ができた。

「それ、呪われているんじゃないですか……？　それか祟り」

年下の女性が顔を強ばらせる。

呪われている。呪い。祟り。自分の人生で特に注視することがなかった言葉だった。

山崎家を含む血族に対して掛けられた呪い、呪詛。

何故これまで一度も思い浮かべなかったのかすら分からない。

食事会を終えた後、両親にその日の会話内容を話して聞かせた。

最初こそ二人は苦笑いを浮かべていたが、次第に表情が変わっていく。

山崎さんと同じく、おかしなことが起こっていることを自覚できたのだ。

然りとて、呪われていることが真実だとしても何をして良いのか思い浮かばない。

やれることと言えば、神社へ行くくらいか。

結果、山崎家は揃って神社で厄払いをしてもらい、厄除けの御札を授けてもらった。

その後、父親が他の親族へ可能な限り表現を軟らかくして『呪いを避けるために神社へ足を運び、厄払いと厄除けの札を授かる』ことを勧めた。

信じて神社へ行った者もいれば、鼻で笑って無視をする者もいた。

どちらも大きな不幸は訪れていない。が、無視を決め込んだ一部は若干の不運に見舞われた。本当に僅かなものだが、ストレスが溜まるようなものだった。

◆

山崎さんと話す内、一つ質問された。

話したこと、これは山崎家と血族への呪い、呪詛だと思うか？　と。

具体的な話を聞く限り、明確な判断はできない。大体、専門家ではないのだから。

それでも第三者の判断が欲しいと言う。

以前のように自身が置かれた状況を客観視してできていないのではないか、そんな不安があるのだと彼女は吐露する。

明言を避けていると、もう一つ判断してほしいことがあると頼んできた。

親族の一人に、呪いなのではないかという何かが起こっているらしい。

後日、彼女の案内でその現場へ連れていってもらうことになった。

数日後、山崎さんと待ち合わせる。

こんな状況下であるから、細心の注意を持って移動した。

案内された先は七階建ての雑居ビルだった。

入っているのはほぼ飲食店である。

三階にある一室のドアを開けると、店内が見渡せた。

LED照明の下、ソーシャルディスタンスを心がけたボックス席と、カウンター席が真っ先に目に入った。カウンター内は雑然としており、酒瓶などが所狭しと並んでいる。

入口ドアから真っ直ぐ進んだ先、突き当たりにスタッフルームがある。その途中、左手側にトイレのドアが切られていた。

カウンターの前に、男性が一人立っている。

山崎さんより少しだけ年嵩《としかさ》の外見をしたその人は、彼女の従兄弟だった。

従兄弟氏はこの店の経営者である。

昨今の事情で時短営業も止め、店を休んでいた。

従兄弟氏を交えてことの次第を改めて伺った。

「最初は……スタッフの女性が一人失踪しました」

条件さえ守れば時短営業及び酒類を提供して良かった時期だ。

〈営業中、常連客と楽しげに話していたが、唐突に立ち上がるとそのまま外へ飛び出していった。何があったのか分からないまま待ったが、閉店時間になっても戻ってこない。スマートフォンや財布、着替えも置いたままだったので店で待っていたが、翌日になっても帰ってこない。スタッフの知人や友人へ連絡を取ってみるも、誰も行方を知らなかった。結果、スタッフの持ち物は彼女の友人を通して家族へ返してもらった〉


続いて、このスタッフ失踪事件の後だった。

信頼している古株の女性スタッフが自ら命を絶った。

場所はこの店で、スタッフルームの上を通る配管にロープを渡し、首を括っていた。

遺書らしきものがあったが、意味不明な内容だった。

警察に通報してみて分かったのは、すぐ自殺判定をしないことと、第一発見者をとにかく疑うことだった。従兄弟はしつこいほど事情聴取をされた。

自死したスタッフの遺体は遺書とともに家族の元へ帰った。
以降、従兄弟氏は時々原因不明の高熱を出す。
熱が出ていない時は、気がつくと高所に立っているときが偶にあった。
休日の夜であることが多いが、いずれも素面《しらふ》の時だ。手摺りから身を乗り出していると
きに我に返り、思わず腰を抜かすのが常だった。
自分の行動が信用できず、休みの日はできる限り家族か友人と過ごすように心がけた。
それでもその目をかいくぐるように行方をくらまし、高所に行く。
このままではいつか本当に飛び降りてしまうのではないか。落下中に我に返るのではな
いか。酷い不安に悩まされるようになった。

このような話を聞いている最中、入口ドアに取り付けられたベルが鳴った。
その場にいる全員が一斉にそちらへ顔を向ける。
誰もいなかった。
首を捻りながら更に話を伺っていると、今度はＬＥＤ照明の光量が落ちたような気がす

る。山崎さんと従兄弟氏に暗いですねと言えば、二人は頷いた。

その途端、明るさが戻ってくる。

トイレのドアが開いた音がしたなと思えば、やはり誰の姿もない。

スタッフルームのドアの隙間から光が漏れていたので、点けっぱなしでよいのか訊ねると、今日は休みで点けた覚えがないと答えが返ってきた。

山崎さんと二人で確かめると漏れていた光はなくなっていた。


スタッフの失踪、自死、従兄弟氏の行動。

これらが山崎家の血族に対する呪いのせいなのか、明言はできない。

このビルそのものが問題なのかもしれないし、経営者である従兄弟氏に原因があるのかもしれない。どちらにせよ専門ではない人間が口を出すべきではない。

ともかく、写真と動画の撮影許可をもらい、各所へレンズを向けた。

従兄弟氏の店を辞し、手短にカメラ内のデータを確認してみた。光量が足りない割に綺麗な画像だった。

その翌日、パソコン上でチェックしようとＳＤカードを差し込むと開けない。

読み込むのだが、ファイルを展開できなくなっていた。

結局、撮影内容は失われてしまった。


画像の件を含めて山崎さんと電話をする合間、彼女は当然の疑問を口にした。

『本当に呪われているのか。呪われているのなら目的は何か。全てが分からない』

彼女から話を聞いているこちらも同じだった。

心当たりについて何かないか、訊ねてみる。

逡巡の後、父親に訊いてみると、彼女から提案があった。

微かにだが、鳥取県の父親方の墓所を訪ねたときに〈何故鳥取に墓があるのか〉〈神戸と和歌山、鳥取の関連〉について父親が話をした記憶があるようだ。

〈曽祖父が何かをやらかして、神戸に墓がおけなかった〉〈ほとぼりが冷めてから、父親は神戸に会社を興した〉らしいのだが、その〈やらかしたこと〉について、父親は口籠もった。娘に聞かせたくないといった態度だったようだ。

だから、当時は敢えて追及しなかった。

『このことをどうして今まで忘れていたのかも、分からない』

呪詛というのは巧妙なものだと聞いたことがある。呪われている、呪詛を掛けられていることすら相手に気付かせないようにして、対象を徐々に蝕んでいく——そんな話を聞かせると、山崎さんは小さく声を上げた。

『呪いって厭なものなんですね』

ともかく父親に訊いておきますと、彼女は電話を切った。

◆

本アンソロジーの原稿を仕上げるため、山崎さんへ電話を掛けた。

通話の始めから、彼女は暗く沈んだ声だった。

活力、生命力を感じられない。どうしたのか訊ねても、空返事だ。

用件の一つである〈呪われる心当たりはあったのか?〉を問いかける。

途端に彼女は不機嫌になった。

分からない、とだけ繰り返す。

何かを知り得たが話したくない、そんな風の口調に感じる。

遠回しに指摘してみたが、彼女は頑《かたく》なに〈分からない〉で押し通した。


山崎の家系に呪詛が掛けられているのか。

掛けた相手は誰なのか。

目的は何なのか。

そもそも、一連の出来事は本当に呪いなのか。

全て不明なままタイムアップとなった。御容赦頂きたい。

ただし、心当たりについて分からないという電話の最後辺りだった。

山崎さんは、絞り出すような声で呟いた。

どんな言葉だったか、聞き取ることはできなかった。

確かめようとしたとき、通話が切れた。

掛け直すと『これまで話したことは書いても良いけれど、これ以上は少しの間、話したくありません』と謝られた。


話せるようになったら話します、と山崎さんは約束してくれた。

ステッカー

小さな印刷屋でデザインを担当している夏目さんは眉間に深い皺を寄せた。

「正直、ステッカーが重ね貼りされているのを見ると、今でも不安になる」

彼はそう念を押した上で、差し入れのハイボールの缶を開けて一気に飲み干した。

その時、彼の両手の全ての指先に絆創膏が貼られているのが気になった。


長野オリンピックの年だから、たぶん一九九八年のことだという。

当時、彼は実家のある海辺の小さな町でステッカー屋を営んでいた。正確にはステッカーだけではなく、バイクや車、サーフボードやスノーボードに貼るためのカッティングシートなども扱っていた。イベントのチラシ印刷や、地域のスポーツチームのユニフォームデザインなども引き受けていた。

お客さんからの持ち込みのデザインだけでなく、夏目さんの方からデザインの提案も行う。提案したものは概ね好評だった。あまり大儲けはできなかったが、スタッフ一名に給料を払いながら、何とか商売を続けていける、そんな状態だったらしい。

「店舗が親の持ちものだったから、家賃払わなくて済んだしね。今から考えれば若造が遊びで商売の真似事やってるようなもんだった」

夏目さんはそう述懐する。

ゴールデンウィーク前のある日、店を開けた直後に不思議な雰囲気の客がやってきた。男性だが、二十代にも見えるし、四十代にも見えた。

身長は一七〇センチあるかないか。ポロシャツにチノパン。ＬＡとデザインされたキャップを被っていて、ナス型の濃い色のサングラスを掛けていた。その格好から、夏目さんは男性がメジャーリーグに行った野茂のファンなのかと思った。

髪の毛は肩まで伸びていたが、きちんと毛先が揃えられ、ツヤツヤとしている。神経質そうだ。そもそも胡散臭い。そして過去に一度たりとも見た覚えはなかった。こんな風体をしているなら、街で見かければ覚えているだろう。

――この人、どこでうちの店のこと聞きつけてきたんだろう。

夏目さんは、いらっしゃいと声を掛けながら、心に引っ掛かった小さな疑問を反芻した。

店のことは、特に大々的に宣伝をしている訳ではない。走り屋をやっていた頃の後輩の人脈絡みで客がついている以外は、店舗を直接見てやってくる、近所の客ばかりだ。

店舗の入口の引き戸には、地元の走り屋のチームや、リトルリーグなどのエンブレムのステッカーが何枚も貼られており、それが「一見さんお断り」の雰囲気を醸し出している。

「あのさ」

男性は、馴れ馴れしい口調で夏目さんに話しかけてきた。ただ、顔の筋肉が不自由なのか、くぐもったような聞こえづらい声だった。

「ステッカーって、両面に印刷できますよね」

夏目さんは、大丈夫だと答えた。

車の窓ガラスに貼るためのステッカーに、そのようなタイプのものがあったはずだ。印刷を他社に丸投げすることになるため、少々高くつくが、それは知ったことではない。

「サイズは、お菓子の付録のステッカーのサイズくらいで。あと表側のデザインは何でもいいんです。真っ白も良いんですけど――」

何でもいいというのは、流石に夏目さんも仕事として受けたことがない。こちらでデザインを提案するにしても、方向性くらいは示してほしいと告げると、男性は困ったような顔を見せた。

「ここはオリジナルのデザインもやってんですよね。なら子供用のキャラっぽいのをデザインしてくれますか」

彼は、子供が使っていて不自然じゃなきゃ、どういうデザインでもいいんだよとぎこちない笑顔を見せた。

「それでね、こっちが本命で――」

彼はズボンのポケットから光磁気ディスクを取り出した。

「中にイラストレーターのファイルが入っているから、それを糊のついている側に白インクで印刷して」

何度か言い直しながら、男性は要望を伝えた。

つまり、裏面の白地には持ち込んだデザインを白インクで印刷し、表にはファンシーなオリジナルのキャラクターを配置しろ、という依頼だ。

「持ち込みのファイルの中身を確認してもいいっすか」

男性が頷くのを待って、機材にファイルを読み込ませる。

ファイルの中身がディスプレイに開いた瞬間に、夏目さんは目を背けた。

なぜか見てはいけないような気がしたからだ。

心拍数が跳ね上がったが、それを悟られないようにと、努めて冷静に振る舞う。

印刷用のトンボで仕切られた正方形の中心に配置されているのは、二次元バーコードのように見えた。ただ一部には曲線も使われている。単純なベジェ曲線で作られたシンボルマークのようなものか。

周囲に配置されたフォントもきちんとラスタライズされているし、ソフトウェアもエラーを吐いていない。印刷するのに特に問題はないはずだ。

だが、なぜか直視したくなかった。胸の底にひどく比重の高い液体がじわじわと溜まっていくような嫌な感じ——。

夏目さんは震える指先でマウスをクリックしてファイルを閉じた。

——何だよ、この胡散臭い依頼は。

夏目さんは戸惑っていた。本来ならばこんなふわふわした仕事は受けたくない。イレギュラーすぎるし、このステッカーがどう使われるかも不明だ。

そこまで考えて、心の中で苦笑いを浮かべる。

商品がどう貼られるのかなんて、ステッカー屋の知ったことではないではないか。電柱、案内板、商店街のシャッター。客がどこに貼ろうが、売った側の責任ではない。

最初は依頼を断ろうと思っていたが、この春は売り上げが低迷していることもあり、少しでも実入りが欲しかった。

ちょっと試してやるか。

その場で夏目さんは、デザイン料と印刷代の見積もりを出した。相場から外れた額を吹っ掛ける。それで折り合わなければ、断ってしまえばいい。

場合によっては、ステッカーの表側のデザインも、フリー素材を使ってお茶を濁せばいいだろう。それならスタッフに任せて自分の手を煩わせることもない。

サイズは五センチ四方の正方形。フルカラー印刷で枚数は三百枚。デザイン料を含めて六桁の値段。

正直折り合いがつくはずのない強気な見積もりだ。

そう思って出した価格に、男性は何も言わずに財布を開いた。

「出来上がったら、連絡ください」

彼は片頬を上げて笑った。やはり顔面の片側に麻痺があるらしい。

注文書には美濃部と書かれていた。住所も残していったが、市内にはない地名だった。あからさまな出鱈目だ。

だが、夏目さんは見て見ぬふりをした。このタイミングでまとまった額の収入はありがたい。


依頼を受けた直後から、仕事場の機材の調子がおかしくなった。

最初に不調に陥ったのは、業務で使っているポストスクリプトプリンターだった。直前まで調子が良かったはずなのに、先ほどの美濃部と名乗る男性が退店した直後から、訳の分からない文字列を何十ページも吐き出し続けた。

幸い、と言って良いのかは分からないが、仕事には余裕がある。しかし何とも納得のいかない状態に夏目さんは首を捻った。

そこに、スタッフの豊田が顔を出した。時計を見ると午後二時だ。出勤時間にしては遅すぎる。

「豊田、お前最近遅いよ」

「すんません。昨夜も集会で、朝まで走ってたもんですから」

眠そうな顔をしている豊田に、先ほどの案件を説明した。

「何なんですかそれ」

彼が先ほどの持ち込まれたファイルを開けた瞬間に、ディスプレイの画面が真っ暗になった。悲しげなアルペジオが流れ、操作不能になった。

あたふたしている豊田にはサブマシンでフリー素材をトレースするように伝え、夏目さんはコンピュータの再起動を試みた。しかし、ハードディスクから異音がするばかりで、起動すらしない。

「ダメだ。何だよあの野郎。あいつが仕事場に来てから、機材の調子がめちゃくちゃ悪いぞ」

トラブルは翌日も、その翌日も続いた。ネットワーク環境もプリンターもおかしい。苦労して業務に使えるような安定した環境を作ったというのに、次々とハードウェアのトラブルが発生する。

仕事が先に進まない。どうしてコンピュータのトラブルはこんなにイライラするのだろう。

全部あの美濃部って野郎のせいだ。

今からでもキャンセルしちまおうか。

だが、機材のローンを抱えている状態で、貯金の残高も心許ない。

美味しい仕事なのは確かなのだ。


普段なら顔を見せるはずの後輩たちも全く顔を見せない。

何が起きているのだろう。

——そういや、豊田の奴、今日はやけに遅いな。

朝から一人で不安定な機材を使って騙し騙し作業を進めていたが、午後三時になる。そろそろ我慢も限界だ。

あの馬鹿、店番にもなりゃしねぇ。

慕ってくれるのは良いが、特に最近は仕事に向き合う態度が不真面目に過ぎる。営業と思って雇ってはいるが、ここ数日は後輩の走り屋チームのステッカーを追加印刷する仕事も入ってこない。

ただ、美濃部のせいで、今は急に仕事を入れられても困るような状態だ。機材のメンテナンスに手間と時間が取られている。新しい機材を買おうにも、先立つものがない。

――絶望的だな。

そう思っていると電話が鳴った。豊田からの連絡だった。バイクで事故を起こして、今は病院にいるという話だった。

結局、全てのデザイン作業は夏目さん一人で行うしかなかった。

ステッカーの印刷自体は店ではできないので、知り合いの多田さんが経営する印刷屋に依頼を出す。彼は昔気質《むかしかたぎ》の職人で、今まで一度もトラブったことがない。夏目さんのいい加減な指定も、きっちり意図を読んで仕上げてくれる。

だから頭が上がらない。速くて安くて腕がいい。この店も多田さんのおかげで続けられているようなものだ。今回も何とかしてくれるだろう。

データを送ってから中三日で多田さんから連絡が来た。商品が出来上がったという知らせだったが、電話口の声はやけに沈んでいた。

「あんたんとこから依頼受けたステッカーだけどさ、あれ何だい。うちの印刷機がぶっ壊れちまってさ、大損だよ」

パッケージされたステッカーの束を受け取ると、不意にそんなことを言われた。どう答えればいいのか分からず、夏目さんは目を白黒させた。

「——冗談だよ。あんたのせいじゃない。偶然さ。で、今年に入ってからの売り上げを全部持っていかれちまったから、ちょっとは愚痴らせてくれよ」

そんなことを言われても——。

心の底に澱《おり》が溜まっていく。

夏目さんは店に帰ると、美濃部に電話を掛けた。商品が完成したという報告だ。

「こちら、サンプルです」

「いい出来だね。ありがとうございました。でもダメですよ。こんなもの作っちゃ。ダメなんですよ」

美濃部は興奮しているようだった。

彼は右の手のひらを大きく広げて、突きつけてきた。早く商品を寄越せというジェスチャーだ。その手のひらに、束ねられたステッカーを置いた。

美濃部は顔の片側だけで捩くれたような笑顔を見せた。

「そうそう。預けてあったあのファイルは消した方がいいです。あと、もう少し注意深くてもいいと思う。これは呪いのステッカーだから貼られたら不幸になるんだ」

美濃部は出ていく間際に、忠告するような口調でそう言った。気に食わない物言いだったが、夏目さんは黙って見送った。

それ以来美濃部の姿は一度も見ていない。

仕事を終えたが、相変わらず機材の調子は悪かった。一日中メンテナンスを続けているのにも飽きたので、彼は店の前にスツールを出し、気分転換に缶コーヒーを飲みながらタバコを吸っていた。

豊田は入院しているのか、自宅で療養しているのか、まだ戻ってこられないらしい。

――見舞いにでも行くか。

吸い終わったタバコを路上に放り、立ち上がって店内に戻ろうとして気がついた。引き戸に貼られたステッカーの中に、見たことのないデザインのものが混ざっていた。サイズはおよそ五センチ四方。シール付きウエハース菓子のものと同じだ。

普段なら、子供のいたずらで済ますところだったが、先日の美濃部の言葉が気になった。

――呪いのステッカーだから、貼られたら不幸になるんだ。

念のために店内からガラス越しに裏面を確認すると、白地に白で、あの画像が印刷されているのが確認できた。

足元が揺れるような感覚。

「機材の不調とか、これのせいなのかよ」

そんなはずはない。これはただの印刷されたフィルムだ。

呪いなんてあるはずがない。

だが、もし本当にあったとしたら――。


走り屋の後輩に電話を掛けて確認すると、豊田は市民病院に入院しているらしい。

病院に向かう前に、彼のアパートに寄った。確認したいことがあったからだ。

駐輪場に見覚えのあるバイクが駐まっている。事故を起こした時にぶつけたのか、テールの部分が破損していた。

近づいてバイクを確認すると、泥除けに店の引き戸に貼られているのと同じステッカーが貼られていた。

夏目さんは逃げるようにその場を後にした。

豊田の顔を見るのが怖かった。

結局彼の入院中には、一度も見舞いには行かなかった。


狙い撃ちされているのだろうか。

わざわざうちで印刷しなくても、美濃部の手元にはステッカーがあった。

うちに依頼したのは、手持ちのステッカーの枚数が少なくなったからだろうか。それとも、何か理由があるのか。

美濃部の顔の片側が麻痺しているのは、事故か何かの後遺症なのか。

あの髪も考えてみればウィッグのように見えた。

サングラスも、表情を隠すためだろう。

走り屋だった過去を振り返ると、自分は恨まれても仕方ない人間だという、そんな思いもある。

走り屋と言っても要は暴走族だ。抗争で何人も病院送りにしている。あまり覚えていないが、関係ない人を轢いて逃げたこともあった。

そんな一人が美濃部かもしれない。

恨みを買っているのは、自分ではなくて豊田かもしれない。

もしかしたら、全く別の人の逆恨みかもしれない。

どうしていいか分からない。そもそもこんな考えが全部見当違いなことだってあり得る話だ。

ただ、相手にはこちらを呪う理由があるのだ。

一度、美濃部の電話に連絡を入れたが、すでに解約されているようで繋がらなかった。

後日多田さんのところにも行ってみたが、やはり工場を囲むようにして、電柱や壁にステッカーが貼られていた。それは一枚一枚剥がして持ち帰った。

アパートに帰ると、干してあるサーフボードにステッカーが貼られていた。

今回のデザインは、夏目さん自身がしたものだ。

新しいステッカー。つまり、美濃部がアパートを訪れたということだ。

行く先々にステッカーが貼られている。

自分のデザインしたもの以外のステッカーがあるなら、もう判別することは不可能だ。

夏目さんはノイローゼのようになった。なるべくステッカーを見ないで済むように、外に出ない日々を送ることに決めた。

しかし、店には大量のステッカーがある。

もし、この中に、呪いのステッカーが混じっていたら——。


「夏目さん、バイト辞めさせてください」

ある日、豊田が思い詰めたような顔で言った。もうその時には、呪いのステッカーの話と、二人が狙われているということも伝えてあった。

辞めたい理由を訊くと、両親の元に、一枚の葉書が届いたのだという。

「あんたのバイト先から来た葉書、あれ何よ」

実家に戻ると、母親がそう言った。

何だそれと返すと、葉書を持ってきた。

宛先は葉書に直接印刷されている。こんなものは店で出した覚えはない。

ひっくり返すと、葉書には梱包用のテープが一枚貼られていた。さらに、そのテープの下にも微妙な段差で何かが貼られているのが分かった。およそ五センチ四方の何か。

全身から血の気が引いた。

呪われた、と思った。

もしかしたら、夏目さんと縁が切れれば、両親に不幸が訪れずに済むかもしれない。そう考えたのだという。

話を聞いた夏目さんは、それも仕方がないことだと考えた。

豊田は店を辞めたが、就職する訳でもなく、一日中、町をふらふらしていた。彼にも何か思うところがあったのかもしれない。

彼の両親は、その後二年と経たずして、癌で次々に亡くなった。

豊田自身も、バイクで事故を起こし、帰らぬ人となった。

その時、彼のアパートの扉には、十枚以上のステッカーが貼られていた。
今でも豊田家の墓には、年に一枚か二枚、あのステッカーが貼られている。

「――そんなことがあってから、すぐに店を畳むことになったんだ。あの店は呪われてるとかって、変な噂が立ってね」

時節柄、再就職には苦労したらしい。
そして何年か前に、美濃部から電話が来たという。彼は相変わらずモゴモゴした声で、ステッカーに呪われたらどうすればいいかを教えてくれた。

「呪われたと思ったら、自分で自分の爪を剥がせばいい」

彼は確かにそう言った。

「それくらいで豊田さんの家みたいにならなくて済むなら、安いものでしょう。まだ夏目さんは御両親も健在なんですし――」

彼は聞き取りづらい声でそう言うと、一方的に電話を切った。
それ以降も、ステッカーは行く先々に貼られている。
沢山貼られている時もあれば、一枚だけ貼られていることもある。

重ね貼りされたシールやステッカーの下に、隠されるようにして貼られていることもある。

だから――厄介だ。

最後に呪いを信じるか、と尋ねると、夏目さんは信じると答えた。

「ただ、どこまでが呪いで、どこからが偶然かは分からないな。でも、全部呪いのせいにしそうになるんだよ。だから、こうだ」

彼は両手を広げてこちらに見せた。指先に貼られた絆創膏が痛々しかった。

ホテルの壁に

佐山さんが高校の時の、修学旅行先でのこと。

ある旅行先ではビジネスホテルが手配されており、生徒たちは二人一組で一室を使うことになっていた。

佐山さんは同じクラスの井上君と相部屋になり、チェックインとともに二人は室内を物色し始めた。

ホテルに泊まった経験は、二人ともほぼ皆無。井上君がコンパクトなユニットバスの構造に感心している間、一足先にベッドに寝転がってみた佐山さんは、ふとベッドに面した壁にかけてある「絵」が気になった。

――人が死んだ部屋は、絵の裏にお札が貼られてるってヤツだよな。

佐山さんはネットで聞きかじった情報を思い出した。部屋に飾っている絵の裏にお札が貼られているのは、その部屋で人が死んで幽霊が出るからだ、という噂を確かめたくなり、興味本位で佐山さんは壁にかけられた絵を外し、その裏側を見ようとした。

「うわっ、何だこれ」

絵の裏側にお札はなかったが、絵がかけてあった位置の壁に、見慣れない記号が書かれている。

壁に黒いマジックで描かれたそれは三十センチほどの丸と正三角形を組み合わせた幾何学的な図案で、どことなく魔法陣を思わせる。恐らく宿泊者の悪戯書きだろうが、妙に存在感があり、気味が悪い。

落書きのある壁は窓際のベッドの真上だったので、それを井上君には教えず、窓際のベッドに寝てもらうよう、佐山さんはお願いした。

その日の晩。

二人はそれぞれのベッドに入り、備え付けのテレビを見ながら会話していた。

井上君の受け答えが途中で鈍くなる。眠気に襲われたのかと思いきや、ああ、とか、うう、と唸り始め、何かを喋っているが呂律《ろれつ》が回っていない。

「どうしたんだよ、具合悪いのか?」

佐山さんが声をかけると、ベッドに寝転んでいた姿勢の井上君が起き上がり、いきなり四つん這いになった。

そのまま床に降り立って、部屋の中をぐるぐる回り出す。

井上君は這いまわりながら、不安げな声で
「どなると、どなるとぉ、どなるとぉぉぉ……」

と佐山さんに詰め寄り、彼のベッドに飛び乗った。

「怖《こえ》えよ! バカ!」

佐山さんは突如迫ってきた井上君の頭を咄嗟に平手で叩くと、井上君はベッドの上にバッタリ倒れて、気を失ったように眠ってしまった。

翌朝、同じベッドで窮屈に寝ていた佐山さんは身体が痛かった一方、井上君は何事もなかったかのように早起きし、ホテルの朝食をもりもり食べていた。

井上君は昨夜のことは一切覚えておらず、また彼の奇行もその一度きりだったため、ホテルの壁に描かれていた謎の記号に操られていたのだ、ということにしている。

験

犯罪経験のある、とある人物が言う。

——空き巣など行うときは、グループで盗む。窃盗団と呼ばれているものだ、と。

組むのは比較的信用のおける人間のみ。

同郷の、ある種互助会的な繋がりである。

或いは〈バック〉の命令で組む、など、パターンは様々である。

何故グループを組むかと言えば、それぞれのメンバーに役割を与えることでスムーズに盗めるからに過ぎない。

下見、計画、各種実行動。

実行動は、必要な道具や乗り物の手配、見張り、陽動、解錠など多岐にわたる。

できるだけ荒事は避けるのがセオリーだが、中には窃盗団ならぬ強盗団もいるのでそれぞれのやり方があると言える。

重要なのはやはり〈足がつきにくい人間だけで構成すること〉だった。

話者であるこの人物は、複数の窃盗グループに属していた。

リーダーごとに仕事（盗み）のやり方が違っているのは前述の通りだ。

ただ、当然おかしな人間は数名いた。

空き巣に入ると、必ずその家にある下着を一枚だけ持ち去るもの。

種類は問わず、ブリーフであることも、ブラジャーであることもあった。

他のリーダーは、仕事の後トイレに入り、便座を上げていく。用を足す泥棒は多いと聞くが、便座を上げるためだけなのだ。

これらは験担ぎらしい。

仕事が上手くいったときのことを繰り返すのである。

中でも変わったリーダーがいた。

窃盗の他、荒事も得意とする人間だった。

このリーダーは必ず〈盗みに入る直前に、薄手の革手袋をする〉。が、その際にあることが起こると盗みをやめる。

それは、左手の小指が手袋に上手く収まらないこと。

さあ仕事だぞと手袋を嵌めるとき、少しでもスムーズに行かないとリーダーはすぐにその場を離れる。例え、どれだけ盗み易そうな現場だとしても。

これは験担ぎなのか訊ねれば、リーダーは半分だけ肯定する。

「ワシのこれ（手袋）は憑いとるけんの」

仕事用の手袋は、以前、荒事の時に使ったものだから、と自慢げに嗤《わら》う。

〈これを嵌めて、男と女とガキ、その後にも何人か殺《や》った。そいつらの滓が手袋に染みついている。呪いと言い換えてもいい。こういう曰く付きの品物は、逆に幸運を呼ぶ。盗みも上手くいく。しかし、この手袋をしていても何度か下手を打って大変な目に遭った。そのときに何があったか思い出すと、最初に左手の小指が手袋に入らなかった。そこでイライラしながら仕事をしたら、通報されたり、出かけていたはずの家の人間と鉢合わせしたりして、余計な手間になり、大抵が大失敗に終わってしまった〉

「じゃけぇ、小指が少しでも入らにゃ、止める」
冗談めかした口調だったが、目が笑っていないので真実味があった。
このリーダーの持つ手袋を、手に取らせてもらったことがある。
確かに、この革手袋は染みだらけで数箇所に補修の跡が見られた。
嵌めてみると、何故かしっくりと馴染む。
まるで自分の皮膚のような感覚があった。
革手袋を嵌めさせてもらった翌日、床に軽く両手を突くと、左手首が音もなく折れた。
件のリーダー曰く「障った」らしい。
手首が治るまで長い時間が掛かった。

話者である人物は、今も疑問が残るという。
このリーダーの左手には小指がなかった。
ない物が手袋に入るわけがない。
それなのに、左の小指が入らないからと幾度か仕事をやめる場面を目にしている。

現在、この手袋のリーダーは荒事が原因で引っ張られ、服役中である。
手袋の験担ぎは効果を成さなかった。
噂では、他の余罪は今も追及されていないようだ。
話してくれた人も、立場上タレこまないと決めている。
件の手袋が今も存在しているかの情報はない。

親子水入らず

何年か前のこと。竹内さんが、勤務先の長谷川という警備員から聞いた話である。

長谷川は、竹内さんが新入社員の頃から働いている主のような存在だ。月末が七十二歳の誕生日であり、それが最後の出勤日らしい。

出入り管理は厳密でありながら、穏やかで愉快な爺さんであり、ちょっとした融通も利く。気のいい警備員というだけではない。

事務所ばかりのビルのため、基本的に不審者は来ないのだが、一度だけ反社会的勢力の関係者が怒鳴り込んできたことがある。

長谷川は普段の穏やかさが嘘のように、毅然とした態度で一歩も引くことがなかった。

こりが酷いのか、常に両肩を撫でている。そのせいで、左手の小指が根本から欠損しているのが見て取れた。

間違いなく、任侠の世界にいた人だろうと陰で囁かれていた。

それはある日曜日のこと。竹内さんは休日出勤していた。コンビニで弁当を買って戻ると、守衛室で長谷川が窓を拭いていた。

そういえば、今日は月末である。だからこそ、休日出勤して伝票の整理をしていたのだ。

良い機会だから、最後に挨拶をしておこうと近づく。長谷川の手が見えた途端、好奇心の虫が騒ぎ始めた。

左手の小指のことを訊く最後の機会である。失礼は重々承知だが、どうせもう二度と会わない相手だ。

「長谷川さん、お疲れ様です。あの、ちょっと訊いても良いですか」

長谷川は、いつもの穏やかな顔を変えずに話を始めた。

それは、今から半世紀以上も前。長谷川は、とある地方の山村で生まれた。

世の中はようやく復興に向けて歩みを始めていたが、長谷川の村は貧しいままであった。

このままでは村が滅びるのを待つばかりである。

村には由来すら分からない神社があった。神社の裏山は杉の木で覆われている。村民たちは話し合いの結果、これを伐採することにした。

戦後間もない頃であり、材木の価格は急騰していた。それに加え、造林の際には補助金も出る。

今後の村の存続も含めて考えると、これに勝る選択肢はない。

だが、里山は古くから禁忌の場所であった。伐採どころか、葉っぱ一枚、小枝一本動かしてはならぬと戒められている。

その場所を侵すと、何が起こるのかは伝えられていなかった。誰も入らないのだから、当然といえば当然だ。

そのことが村人の背中を押した。何が起こるか分からない言い伝えと違い、現実の貧困は確実に死者が出る。

とりあえず一本だけ伐ってみればいい。何も起こらねば里山の神様が許してくれたということだ。

実に適切な意見が採用されたのだが、じゃあ誰がやるかで揉めに揉めた。

やはり皆、怖いのだ。結果、押し付けられたのが長谷川の父であった。長谷川家は元々、この村の住人ではない。

他の村から移住してきた一家だ。そのせいか、ことあるごとに貧乏くじを引かされていた。今更、他の村に移住できるわけもなく、長谷川家は毎回二つ返事で引き受けてきたのである。

村人たちが見守る前で、父は慣れない伐採を始めた。なるべく細めの木を選び、必死で斧を振るう。

ようやく切り倒され、村人は歓声をあげた。父は歓声に応えるように斧を高く掲げた。次の瞬間、父は掲げた斧を自らの額に打ち付けた。無言で何度も何度も打ち付ける。顔面は崩れ、脳が飛び散っても止めようとしない。

数分後、父は頭の代わりに斧を生やし、立ったままで息絶えた。

村人たちは悲鳴をあげて逃げ出した。父の遺体は不浄の物とされたため、葬儀すらままならず、長谷川家は自宅の庭に埋めるしかなかった。

その日以来、長谷川家は禁忌を侵した者として村八分にされ、苦労に苦労を重ねた母はボロ雑巾のようになって死んだ。

長谷川は父を埋めた場所を掘り返し、骨を集めた。夜中密かに里山を訪れ、父の骨と母の遺体を埋めた。

その足で神社に立ち寄り、長谷川は土下座して頼んだ。

里山へ父と母を捧げました。お願いですから、どうかこの村を滅ぼしてほしい。

その途端、脳に直接声が響いた。


里山はあれで十分だ。ただ、この神社にも何か捧げなければならない。

長谷川は即座に己の指を食いちぎり、供物として捧げたのだという。


「それからすぐに、村は流行り病で全滅しました。死ぬ前に誰かに話しておきたかったんだ。ありがとうね、聞いてくれて」

話し終えた長谷川は、穏やかな顔で茶を啜った。

「いや、長生きしてくださいよ」

竹内さんが引き攣った笑顔で応えると、長谷川は真顔で言った。

「一つ、付け加える話があります。小指は手付金みたいなものでしてね。残りの体も全部供物なんですよ。できる限り、平和で穏やかな人生を積んでから捧げるのが約束です」

その日の仕事を終え、竹内さんは門を出た。何となく振り返り、守衛室を見る。

座る長谷川の背後に人が二人、立っていた。一人は痩せ細っているが、辛うじて女性と分かる。もう一人は首の代わりに斧が突き立っていた。

二人とも、長谷川の肩に手を置いている。長谷川はその手を優しく撫でていた。

六仙図

坂本家に、一幅の掛け軸が伝わっている。
天井近くから垂らしても床に届きそうなほど長い、立派なものだ。
表装を含めて古びており、かなり年代物の空気を感じさせる。
描かれているのは、幽玄な岩場に六人の仙人が段々に並んだ水墨画である。
仙人は禿頭であったり、蓬髪《ほうはつ》であったりと様々だが、中国系の出で立ちだった。
全員痩せ衰えているが、着物の下から下腹部がまろび出ていた。
絵柄は別として、長男の秀一さんから見れば、実に値打ちがありそうに見えた。
だが、骨董屋曰く「贋作《がんさく》以前の問題。よくて江戸時代末期。価値は低い」らしい。
よくて、の部分を強調していたから、もしかするともっと近年の作なのかもしれない。
この値打ちがない掛け軸を、祖父と父親、秀一さんは〈六仙図〉と呼び、とても大事にしていた。旧正月にだけ掛け軸を取り出し、手入れとお供えを続けているほどだ。
何故大事にしているのか。秀一さんが理由を教えてくれた。

明治末期の坂本家は小間物を売る商売人であった。
同時に、民間信仰を利用した札や薬も売っていたらしい。
この札や薬はハッキリ言えば偽物で、かなりあくどく稼いでいたようだ。
結果、坂本家は大店《おおだな》になった。そして一族が幸せの絶頂を迎えた頃だった。
数名の人間から家長が襲われた。
効きもしない札や薬で家族を失った人たちの仕業だ。
捕縛されたのは襲撃してきた一団の方だけであり、坂本家は何のお咎めもなかった。
地元の有力者に鼻薬を嗅がせていたからだった。

この後、昭和が始まった頃に件の〈六仙図〉が坂本家へ入ってきた。
祈祷師のような生業《なりわい》の相手からもらったのだ。それもただ同然だったという。
掛け軸の画の名が〈六仙図〉だと、そのとき聞いている。

祈祷師は関西から東へ流れてきた人間で、更に北上すると言っていた。

〈この掛け軸を大事にしたら、家はますます栄える〉

こう言い残して、祈祷師は立ち去っていった。

信じた坂本家は掛け軸を仏間に飾り、供物を捧げ、朝夕拝んだ。

以来、商売は益々繁盛し、様々な分野へ手を広げられるほどとなった。この世の春とはまさにこのことだ——と思っていた矢先だ。

戦争が始まった。

そこを境に商売は傾き、息子や親族の若い男たちは次々に命を落とした。戦地に赴いて、ではない。原因不明の病が原因だった。

とどめとばかりに空襲で店は焼け、僅かに残っていた財産も消えてしまう。

跡継ぎもなく、落ちぶれた坂本家の断絶も目前と迫った。

そんな時、何故か家長とその妻の間に子供ができた。

男の子だった。

高齢出産に近かったが、実に丈夫な子供であった。

おかげで戦後も坂本家は続くことになった。

この子が、秀一さんの祖父である。

当時も〈六仙図〉は狭い仏間に飾られていたので、その御利益であろう、霊験あらたかだと家族全員感謝したという。

ただ、祖父が大人になる頃まで坂本家は極貧に喘いでいた。

ところがある時を境に、急に中流家庭クラスまで生活水準が上がった。

祖父の父親、曽祖父が病気になった際、ある頼みごとをしたことがきっかけだった。

「これまでの経緯を考えて、改めて気付いた。これは家そのものが祟られているとしか思えない。今更だが、拝み屋みたいな人に頼んで、見てもらってくれ。金は何とかする」

命じられるままに、祖父は近隣で力があるという噂の拝み屋を連れてきた。

拝み屋は家の玄関を潜ると、青い顔で一言。

「ああ、よう持ち堪えましたなぁ」

坂本家は複数の人間に呪詛を掛けられている、ときっぱり言い切った。

これは自分ではどうしようもない。できるのは助言くらいだ、と顔を顰めた。

「この家、なんかあるやろ？　持っているやろ？」

あ、掛け軸や、と拝み屋は苦々しく言い棄てた。

〈六仙図〉のことだと祖父にはすぐ理解できた。しかしあれは呪詛と関係がないはずだ。

伝えると、拝み屋は違う、それだと顔を歪めた。

見せろというので祖父が仏間へ案内すると、相手は敷居から先に入ってこない。

「よう、行かん。近づけへん。それ、酷いな」

唸る拝み屋が、続けて口にした。

「それ、勝手に戻ってくるやろ?」

祖父は驚いた。

その通りだったからだ。

戦時中、家ごと焼けたと思っていた〈六仙図〉が坂本家に戻ってきた事実があるからだ。

終戦から二年も経たない頃だった。

桐の箱に入れられ、風呂敷で綺麗に包まれて坂本家の玄関へ置かれていた。

いつ、誰が持ってきたのかは分からない。家人が目を離した僅かな隙だった。

「そうか。そうやろな」

拝み屋は得心しつつ、幾つか掛け軸に関する話をして、逃げるように帰っていった。

謝礼は受け取らなかった。

「こんなん、金を受け取ったら、こっちにも類が及ぶわ」と。

拝み屋はこんなことを言い残した。
〈この掛け軸は、呪詛が掛かっている〉
〈坂本家に強い恨みを持つ人間、多分複数で呪っている〉
〈心当たりがあるだろうが、多分、その人間たち〉
〈掛け軸というものは呪術に用いられる〉
〈仙人ではなく、邪なものが描かれている〉
〈多分、人の血などが墨に混ぜ込んで描かれている〉
〈家に有益な跡取りになりそうな者を、六人あの世へ連れていく〉
〈同時に、家に不幸を呼ぶ〉
〈ただし、坂本家の血族を長く苦しめてやろうという意図があり、必ず家を続かせる〉
〈呪いが成就し終わるときは、その家が途絶えるとき〉
〈六人の仙人と言うが、七人いる〉
〈最後の家長は、多分、死んだら掛け軸の『八人目』になる〉

〈掛け軸を見れば分かるが、八人目の空きが作ってある〉
〈そこに絵が出ることはない。そういう呪術だ、という意味だ〉
〈とりあえず、普通の生活にしたかったら、掛け軸は仕舞うこと〉
〈できれば寺や神社へ納めるといいが、多分それをやろうとすると痛い目に遭う〉
〈大人しく押し入れにでも入れておいて、旧正月にだけお供えをしろ〉
〈ともかく大事に扱え。それをしないと、坂本家は死ぬより辛い不幸になる〉

自分が立ち会ったのだから、よく覚えていると祖父は言っていた。
が、全体的に妄想めいた戯れ言に聞こえる。
しかし、実際の所、病気で死んだ若い男らは全員、本家と分家の跡取りであった。
だから祖父以外の分家筋はほぼ途絶えている。
残っているのは坂本家本家、秀一さんの家のみ。
その上、祖父には秀一さんの父以外の子供がいない。
他家へ嫁いだ人間はどこかにいるかもしれないが、直系はこの家だけだった。

旧正月、秀一さんも祖父らと掛け軸を祀る。

その時、毎回確かめる。

仙人たちのいる岩場の下に、不自然にスペースがあるのを。

そこは仙人をもう一人描けるくらいの空きだった。

しかし、〈七人いる〉の七人目に該当する仙人は何処にも見当たらなかった。


現在、秀一さんは三十代半ば。

結婚寸前まで行った恋人はいたが、相手の病気で死に別れてしまった。

新しい相手を、と考えることもない。

彼は死に別れた恋人とブライダルチェックを受けたことがあった。

相手は健康体だった。

秀一さんは、子供ができにくい状態——可能性はゼロではないが、かなり確率が低い、と診断が降りた。

恋人はそれでもいい、いつか子供もできるよと言ってくれた。

その翌月、恋人の病が発覚、あっという間に悪化し、この世を去った。

「結婚もできず子も成せないのだから、八人目の仙人は自分かもしれない。数えてみたら、祖父が六人目、父が七人目じゃないかな、って思いましたから。二人が亡くなったら、そうなるでしょう?」

自嘲する秀一さんは、ふと何かを思いついた顔になった。

そして、真顔でこんなことを口にした。

――でも、長く苦しめたいのなら、八人レベルで済まないんじゃないかなぁ……。

呪いに打ち勝つ術

いつもお世話になっている女性霊能者の方に聞いたことがある。

「呪い」というものに対抗する手段にはどのようなものがあるのか、と。

その霊能者は過去にも呪いを返したり生霊を返したりしている強者。

どんな答えが返ってくるのかと期待していたが、

「基本的に呪いに対抗する手段を私は持ち得ませんよ。というか、これぱっかりはどんな霊能者でも無理だと思います」

という返事。

「えっ、なんで？　過去にも呪いを相手に返したりしてなかった？」

と問うと、

「ああ、あれは偶然というかラッキーだっただけですから。勿論、呪いをかけた相手がまだ生きていれば何らかの方法は取れるかと思いますけど、殆どの場合、呪いをかけた相手はもうこの世にはいない場合が多いんですよね。そうなると、もう打つ手なしです。相手が死んでいれば呪いは絶対に相手には返せないし、運よく相手が生きていたとしても、呪い返しが成功する確率なんて殆どゼロに近いんですよ」

予想外の答えに俺は戸惑うばかり。

「あの、それじゃ誰かに呪われたとしたらもうお終いってこと？　そのまま抵抗できずに死んでいくしかないってこと？」

そう聞くと、彼女は冷たい視線をこちらに投げながら続けた。

おまけに溜め息も一つ。

「別に対抗する手段が何もないなんて言ってませんよ？　私には何もできないって言ってるだけですから。呪いをかけられた当人でない者ができることなんて何もないって言っただけです」

以下は、彼女が教えてくれた力強いメッセージだ。

いいですか？　呪いっていうのは負のパワーの塊です。人間が持つ負の念を呪いという武器に変えたもの。全てを悪い方向へ持っていくだけの力を持った負のパワーなんですよ。

でもね、人間っていうのは元々は陽のパワーを持って生まれてきているんです。自分ではそれに気付かずにいつのまにか忘れてしまっているだけ。だったらそんな陽のパワーを思い出せばいい。人が誰かを呪う力を持っているのならば、逆に言えば人は誰でも自分に降りかかった呪いに対抗できる力を持っているんです。ここで大事なのはあくまで「自分に降りかかった」という部分です。他人に降りかかった呪いには対抗手段はありませんが、自分に降りかかった呪いに対して、それを消し去ったり和らげたりする力は誰でも持っているんです。

これは霊感があるとかないとか、そういうのとは全く別の部分。

人間が本来持っている潜在能力なんでしょうね。

自分に危険が迫った時に覚醒する秘められた力。

だからどれだけ強い霊感を持っていたとしても、誰かを呪いから救うことはできないというのはそういう意味です。そして、降りかかった呪いを消し去ったり和らげたりする時に最も大切なのは気持ちで負けないこと。怖がったり逃げたりした時点でもう呪いに負けていますから。そしてそういう弱い部分を呪いは自分のパワーに変えてしまいます。わざわざ呪いにパワーを与えてやる必要なんてありませんよね？　だったら、呪いをかけられたのが分かったとしても絶対に怖がったり逃げたりしないことです。

来るなら来い！

そんなものに負けてたまるか！

そんな気持ちでいればいいんです。

呪いなんて病気と同じです。

気持ちが弱っていたり抵抗力が弱っていると病気にかかりやすいですよね？

それと同じです。

いつでもかかってこい！　と臨戦態勢でいる相手にはさすがに呪いも近寄り難い。

だから、いつも明るく元気でいることが大切です。

そして、呪いに負けない気持ちの強さを持つこと。

難しいと感じるかもしれませんが、所詮、呪いは陰の力。

陽の力には絶対に敵わないし近寄ることもできませんから。

もっと自分が持っている潜在的な陽の力を信じてあげられたら、呪いなんか決して怖いものではないんですよ。

呪術怪談

2021年11月5日　初版第一刷発行

共著……………………………………………………………久田樹生／つくね乱蔵／営業のK／神沼三平太／内藤 駆／山葉大士／高倉 樹／鬼志 仁／丸太町小川／鳥谷綾斗／緒音 百／あんのくるみ／雨水秀水／卯ちり／おがぴー／音隣宗二／天堂朱雀／中野前後／芳春／ムーンハイツ

カバーデザイン…………………………………………………… 橋元浩明（sowhat.Inc）

発行人……………………………………………………………………………後藤明信

発行所………………………………………………………………………株式会社　竹書房

〒102-0075　東京都千代田区三番町8-1　三番町東急ビル6F

email: info@takeshobo.co.jp

http://www.takeshobo.co.jp

印刷・製本………………………………………………………………中央精版印刷株式会社